AF452614

LA JEUNESSE

DES MOUSQUETAIRES

Pièce en 14 Tableaux.

PAR

MM. ALEXANDRE DUMAS ET AUGUSTE MAQUET.

Représentée pour la première fois sur le Théâtre-Historique, le 17 février 1849.

Personnages du Prologue.

	Acteurs.	
…DE LA FÈRE.	MM.	CLARENCE.
[illegible]		GASPARI.
[illegible]		GEORGES.
…AUD.		DÉSIRÉ.
…HARLOTTE BACKSON.	Mmes	PERSON.
CLAUDETTE.		LOUISE.

Personnages de la Pièce.

Personnages.	*Acteurs.*	
D'ARTAGNAN.	MM.	MELINGUE.
ATHOS.		CLARENCE.
PORTHOS.		CRETTE.
ARAMIS.		PEUPIN.
BUCKINGHAM.		LAFERRIÈRE.
LOUIS XIII.		PIERRON.
LE CARDINAL.		MATIS.
ROCHEFORT.		DUPUIS.
BONACIEUX.		BOUTIN.
LORD DE WINTER.		BOILEAU.
TRÉVILLE.		BEAULIEU.
PLANCHET.		BARRÉ.
LE GREFFIER.		CASTEL.
FELTON.		BONET.
LE BOURREAU.		GEORGES.
L'HOTE DU COLOMBIER-ROUGE.		ALEXANDRE.
LE CHANCELIER.		PAUL.
GRIMAUD.		DÉSIRÉ.
BOISTRACY.		HENRY ARMAND.
CAHUSAC.		MOREL.
JUSSAC.		VIDEX.
BISCARAT.		PAUL.
LE PATRON DE LA BARQUE.		PAUL.
LA PORTE.		VIDEX.
MILADY DE WINTER.	Mmes	PERSON.
ANNE D'AUTRICHE.		ATALA BEAUCHÊNE.
Mme BONACIEUX.		REY.
KETTY, suivante de la Reine.		BETZY.
LA SUPÉRIEURE DES CARMÉLITES.		DEVAL.

BAZIN, MOUSQUETON, PATRICK, DAVID, UN EXEMPT, GARDES, MOUSQUETAIRES, DOMESTIQUES.

LA JEUNESSE DES MOUSQUETAIRES,

PAR

MM. ALEX. DUMAS ET A. MAQUET.

PROLOGUE.

Le Presbytère.

Une salle basse, porte au fond, porte à gauche; fenêtre à droite; vaste cheminée; escalier conduisant au premier étage.

SCÈNE PREMIÈRE.

GRIMAUD, *debout et attendant.* CHARLOTTE, *descendant l'escalier du fond, puis* CLAUDETTE.

CHARLOTTE.

C'est bien, préparez toujours les hardes et le linge, afin que le voiturier puisse tout emporter en un seul voyage; ne vous a-t-on pas dit que la maison devait être libre aujourd'hui?

CLAUDETTE, *de la porte de sa chambre.*

Oui, mademoiselle.

CHARLOTTE, *apercevant Grimaud.*

Ah! c'est vous, M. Grimaud.

GRIMAUD.

J'apportais une lettre de M. le vicomte, la porte était ouverte, je n'ai point voulu appeler de peur de déranger mademoiselle; je suis entré et j'ai attendu...

CHARLOTTE.

M. le vicomte a l'habitude de passer par le presbytère en allant à la chasse... d'où vient que je n'ai pas eu l'honneur de le voir ce matin?...

GRIMAUD.

C'est par prudence!.. sans doute, que M. le vicomte ne sera pas venu...

CHARLOTTE.

Par prudence!...

GRIMAUD.

Oui!... hier... M. le vicomte s'est querellé avec son père...

CHARLOTTE.

Avec son père...le vicomte s'est querellé avec son père, lui si respectueux... Et à quel propos?

GRIMAUD.

Le vieux seigneur voulait présenter M. le vicomte à Mlle de La Lussaie...

CHARLOTTE.

Ah!... à cette belle orpheline... que l'on dit la plus riche héritière du pays...

GRIMAUD.

Justement!..

CHARLOTTE.

Eh bien?...

GRIMAUD.

Eh bien!... M. le vicomte s'est refusé net à la présentation... sous prétexte, qu'il ne se sentait aucune vocation pour le mariage..... De sorte que, n'allant pas à la Lussaie... et venant ici... vous comprenez?..

CHARLOTTE.

Bien, bien... merci, Grimaud. Voyons ce que dit le vicomte? (*Grimaud se recule. Charlotte lit.*) « Mademoiselle, le nouveau curé qui va remplacer votre frère, que sa longue absence a fait regarder comme renonçant à la cure de Vitray, arrive aujourd'hui. » Aujourd'hui le nouveau curé arrive... aujourd'hui!

GRIMAUD.

Dam!... mademoiselle, il y a six mois que votre frère est parti... et c'est long pour des chrétiens... six mois sans messe!...

CHARLOTTE, *continuant.*

« Mais comme vous tenez à cette maison, que vous avez habitée avec votre frère, à partir d'aujourd'hui cette maison est la vôtre; et j'avise à ce que le nouveau curé soit logé dans un autre presbytère. En conséquence, je l'installerai dans un pavillon du château; demeurez donc chez vous, sans trouble et sans inquiétude. Croyez-moi, bien tendrement, mademoiselle.

Votre serviteur dévoué,
Vte DE LA FÈRE.

GRIMAUD.

Mademoiselle a-t-elle une réponse à me donner?

CHARLOTTE.

La journée ne se passera peut-être pas, sans que je voie M. le vicomte.

GRIMAUD.

Oh! bien certainement.

CHARLOTTE.

J'attendrai donc... et lui ferai mes remerciments de vive voix.

Grimaud sort par le fond.

SCÈNE II.

CHARLOTTE, *seule.*

Il était temps... s'il m'eût fallu quitter cette maison, payer un nouveau loyer, agrandir ma dépense, j'eusse été avant un mois au bout de mes ressources. Ainsi, voilà que cette maison m'appartient, pauvre domaine!... oui, mais ce n'est qu'un vestibule... le château est là-bas. Le château!... comté et baronnie depuis trois cents ans... il y a presque de la cruauté à avoir placé la fenêtre de cette pauvre maison en vue de ce magnifique château... il y a pourtant un proverbe qui dit : Voir, c'est avoir... proverbe menteur!... Claudette, laissez toutes ces hardes; c'est inutile, nous ne partons plus.

CLAUDETTE, *sur le pallier avec des hardes.*

Nous ne partons plus!...

CHARLOTTE.

Non... il serait possible qu'en revenant de la chasse le comte passât par ici, et eût besoin de se rafraîchir... mettez du vin et quelques fruits sur la table. (*La vieille obéit, et pose des fruits et une cruche sur la table*). Ah! il me semble qu'à travers les arbres je vois venir un cavalier. Oh! comme il se hâte... comme il se précipite... voilà un galop qui rapproche un peu la chaumière du château... le presbytère de la comté... C'est bien! Claudette, je n'ai plus besoin de vous, allez!...

SCÈNE III.

CHARLOTTE, LE VICOMTE.

LE VICOMTE.

Je vous ai aperçue de loin à votre fenêtre, Charlotte; pourquoi êtes-vous rentrée à mon approche?...

CHARLOTTE.

Vous le voyez, pour venir au-devant de vous.

LE VICOMTE.

Vrai! merci...

~~Il lui baise la main.~~

CHARLOTTE.

Vous avez bien tardé aujourd'hui...

LE VICOMTE.

Je vous avais écrit... Grimaud ne vous a-t-il pas remis ma lettre?...

CHARLOTTE.

Si fait... vous êtes bon pour moi M. le vicomte, trop bon...

LE VICOMTE.

Trop bon... pour vous avoir donné une masure... vous qui devriez loger dans un palais.

CHARLOTTE.

Oh! je sais ce que je dis, et je réponds à ma pensée en disant que vous êtes trop bon, M. le vicomte... je vous suis reconnaissante de votre offre... mais excusez-moi, je ne puis l'accepter...

LE VICOMTE.

Vous ne pouvez l'accepter!... vous rougiriez de recevoir quelque chose de moi!...

CHARLOTTE.

Oh!... de vous si vous étiez votre maître je recevrais tout, mais... je quitte le pays, M. de La Fère... il le faut... je le dois...

LE VICOMTE.

Vous devez refuser cette maison!... il faut que vous quittiez le pays!... que me dites-vous donc là, Charlotte... expliquez-vous... pourquoi fuir ce pays?... pourquoi me fuir?...

CHARLOTTE.

Parce qu'il n'appartient pas à une jeune fille obscure, pauvre et sans avenir, de faire obstacle à la gloire, à la fortune d'un gentilhomme de votre nom et de votre mérite...

LE VICOMTE.

Que me dites-vous là, Charlotte?

CHARLOTTE.

Le comte ne veut-il pas vous faire épouser, Mlle de La Lussaie, qui est jeune, belle, noble... et dont la fortune doublerait vos revenus.

LE VICOMTE.

Si vous savez cela.... Charlotte; vous savez aussi que je refuse, n'est-ce pas?

CHARLOTTE.

Oui, et voilà ce que je ne puis souffrir; en me retirant, je vous épargne la douleur de désobéir à votre père; je m'épargne le remords d'entraver votre fortune...

LE VICOMTE.

Ecoutez-moi, mademoiselle!

CHARLOTTE.

Vicomte!

LE VICOMTE, *s'approchant de Charlotte.*

Ecoutez-moi, je vous prie... voici tantôt quatorze mois que vous vîntes vous fixer dans ce pays avec votre frère; l'année 1620 commençait lorsque vous arrivâtes, j'étais parti avec la noblesse de ce pays pour grossir l'armée que le roi Louis XIII envoyait au siége d'Angers contre la reine-mère; depuis trois mois vous habitiez cette maison; lorsque je rentrai au château, après la paix signée par M. l'évêque de Luçon, on parlait ici, avec intérêt, de cette union si tendre du frère et de la sœur. (*Mouvement de Charlotte*). Union toute de dévouement de votre part; car le curé Georges Backson, votre frère, était d'une humeur sombre et aimait la solitude... il vous écartait du monde, dans lequel votre jeunesse, votre esprit, votre beauté vous fixaient un rang... sacrifice fraternel de votre part... car, avouez-le, vous n'étiez pas heureuse!...

CHARLOTTE.

Pas toujours!...

LE VICOMTE.

Je vous vis... je vous aimai!...

CHARLOTTE, *se levant et faisant un pas en avant.*

Vicomte!...

LE VICOMTE.

Laissez-moi continuer... la vierge la plus chaste... la jeune fille la plus pure... peut entendre jusqu'au bout tout ce qui me reste à vous dire... Vous le savez, pendant cinq mois, vous et votre frère, vous essayâtes de vous soustraire aux avances que je vous faisais... silencieux et sévère... l'abbé fuyait le château où mon père et moi l'appelions en vain... Farouche et presqu'invisible... vous sembliez vous reprocher comme un crime, le regard que vos yeux me donnaient par hasard... et cependant, vous ne pouviez me haïr... je ne vous avais point dit que je vous aimasse!...

CHARLOTTE.

Monsieur!

LE VICOMTE.

Tout-à-coup, un changement inattendu s'opéra dans votre existence... une nuit, cette maison d'habitude si pleine de calme et de mystère, retentit d'un bruit inaccoutumé... les habitants du village avaient cru entendre les pas de plusieurs chevaux... le lendemain votre frère avait disparu...

CHARLOTTE.

Oh! M. le vicomte, croyez...

LE VICOMTE.

Je ne vous interroge pas, Charlotte... j'ai besoin seulement de vous dire ce que je dis... pour en arriver où je veux en venir... Dès lors, vous vous trouvâtes seule... abandonnée... je me présentai chez vous; car, je vous aimais davantage encore depuis votre malheur!... vous voulûtes bien me recevoir... il y a six mois de cela... Eh! bien, dites, depuis six mois... quoique vous m'ayez traité avec bienveillance, et je vous en suis reconnaissant... dites, Charlotte! ai-je une fois serré votre main, sans vous en remercier comme d'une grâce... vous ai-je une seule fois parlé d'amour, sans avoir cherché en même temps mon pardon dans vos yeux... enfin, vous ai-je une seule fois questionnée pour vous demander qui vous êtes... d'où vous venez... et pourquoi a disparu votre frère?...

CHARLOTTE.

Non... monsieur, et vous avez été pour moi ce que vous êtes pour tous ceux qui vous connaissent... c'est-à-dire le gentilhomme le plus loyal et le plus généreux de ce royaume...

LE VICOMTE.

Merci!... vous comprendrez donc que ce n'est point une vaine curiosité, Charlotte, qui me fait vous dire... Charlotte Backson... parlez-moi... aujourd'hui... à cœur ouvert... le pouvez-vous?..

CHARLOTTE.

Où veut-il en venir?...

LE VICOMTE.

Quelques mots sur vous... sur votre frère... sur votre famille!.. une confidence d'ami, que si vous le désirez, je garderai au fond de mon cœur, comme un secret personnel... le voulez-vous?... et je le répète, le pouvez-vous?...

CHARLOTTE, *elle passe du côté gauche, et allant à une armoire, prend des parchemins.*

Sur moi et sur ma famille... voici des titres qui répondront pour moi. Lisez, M. le vicomte, ils vous prouveront que Charlotte Backson est d'un sang généreux... sinon illustre... quant à mon frère..... ses secrets ne sont pas les miens...

LE VICOMTE.

C'est bien! Charlotte, ne parlons plus de votre frère... et si nous le revoyons...

CHARLOTTE.

Nous ne le reverrons jamais... monsieur!...

LE VICOMTE, *lisant.*

William Backson, gentilhomme du pays de Galles.

CHARLOTTE.

Mon père!...

LE VICOMTE, *lisant.*

Anne de Bueil...

CHARLOTTE.

Ma mère... un frère aîné, d'un premier mariage, dut hériter du peu de fortune que nous avions... mon frère, celui que vous avez connu, fut voué à l'état de prêtre... et me prit avec lui..... j'avais perdu depuis longtemps mon père et ma mère...

LE VICOMTE.

Oui... votre père en 1612... votre mère en 1615... pauvre enfant.

Il lui remet ses papiers.

CHARLOTTE.

Maintenant... vous savez tout... monsieur...

LE VICOMTE.

Donc, vous êtes seule... Charlotte?...

CHARLOTTE.

Seule au monde!...

LE VICOMTE.

Personne, n'a de droit sur vous?..

CHARLOTTE.

Personne!...

LE VICOMTE.

Votre cœur est libre!..

CHARLOTTE.

Je croyais vous avoir dit que je vous aimais!..

LE VICOMTE.

Me le répéteriez-vous hardiment... franchement... loyalement...

CHARLOTTE.

M. le vicomte, je vous aime!..

LE VICOMTE.

Charlotte Backson... voulez-vous être ma femme...

CHARLOTTE.

Que dites-vous?..

LE VICOMTE.

Une chose bien simple, Charlotte... puisque je vous aime et que vous m'aimez...

CHARLOTTE.

Mais votre père?...

LE VICOMTE.

Ecoutez! Charlotte, voilà où est le sacrifice, et je vous le demanderai avec confiance; un mariage public qui ne serait pas selon ses désirs troublerait les derniers jours de mon père... vous n'exigerez pas cela de moi, n'est-ce pas?.... vous accepteriez un mariage secret...

CHARLOTTE.

Je suis votre servante, M. le vicomte.

LE VICOMTE.

Le jour où je m'appellerai à mon tour le comte de la Fère... vous serez mon honorée comtesse!.... vous savez que mon père est vieux... malade... souffrant... vous n'aurez pas longtemps à attendre, Charlotte!..

CHARLOTTE.

Oh!...

LE VICOMTE.

C'est bien... jusque là, nous serons heureux dans le silence et dans l'obscurité... Ecoutez! le nouveau pasteur est arrivé au château ce matin; c'est un de mes compagnons d'enfance... il sait mon amour pour vous... il consent à bénir notre union... Dans une heure, vous vous rendrez à l'église... une chapelle sera éclairée... je vous tendrai la main... vous y appuirez la vôtre..... vous me jurerez un amour éternel et dans cette modeste église de village, Dieu nous entendra plus favorablement, peut-être, qu'il n'entend les serments des rois dans les splendides cathédrales!...

Lui présentant la main.

CHARLOTTE.

Mon seigneur... mon époux!...

Elle lui donne sa main.

LE VICOMTE.

Voici les présents de votre fiancé, Charlotte... les diamants de ma mère, qui me bénira de vous avoir choisie pure et noble comme elle... ne me refusez pas, Charlotte!.. Quant à ce saphir,— pierre de tristesse! c'est la bague qu'elle ôta de son doigt, en me disant l'éternel adieu...

CHARLOTTE, *prenant l'écrin.*

Votre femme vous rend grâce... Olivier!...

LE VICOMTE.

Dans une heure je vous attendrai à la chapelle, la cloche vous donnera le signal.. venez-y seule.. venez-y comme vous êtes.. sans autre parure que celle que vous portez... Et au retour, après que j'aurai été saluer mon père, comme c'est mon habitude chaque soir, sur le seuil de cette maison... devenue pour moi le véritable palais... l'amant viendra vous supplier de laisser entrer l'époux... Au revoir!.. Charlotte, au revoir!..

Il lui baise la main et sort.

SCÈNE IV.

CHARLOTTE, *seule.*

Elle vient s'asseoir et ouvre l'écrin.

Comtesse de La Fère ! dans une heure ! *(Elle se lève)*. Est-ce possible, Charlotte ! Charlotte ! dans tes rêves d'ambition les plus ardents, avais-tu espéré en arriver là... oh ! je le disais bien tout à l'heure que cette maison n'était que le vestibule du château. Claudette ! apporte une lampe ! *(Claudette, exécute l'ordre)*. Bien, allez... oh ! en vérité, si je ne voyais ces diamants, si je ne sentais le cercle d'or de ce saphir qui presse mon doigt, je ne croirais pas à ce qui vient de se passer... *(Elle essaie le bandeau de diamants)* Oh ! lumineuses étoiles de la terre, constellations qui brillez au front des reines, astres qui vous levez sur les splendeurs de ce monde, ma main, si longtemps étendue, vous touche donc enfin. *(Un homme paraît sur la porte)*. Qui est là ? Et que me veut-on ?

SCÈNE V.

CHARLOTTE, UN INCONNU.

CHARLOTTE.

Qui êtes-vous, monsieur ? Que demandez-vous ?

L'INCONNU.

C'est vous qui êtes Mademoiselle Charlotte Backson ?

CHARLOTTE.

C'est moi... après ?

L'INCONNU.

Vous êtes seule ?

CHARLOTTE.

Vous le voyez.

L'INCONNU.

Un homme qui aurait quelque chose d'important à vous dire pourrait causer un quart d'heure avec vous sans craindre d'être dérangé ?

CHARLOTTE.

Sans doute !

L'INCONNU, *indiquant la porte à gauche du spectateur.*

Cette porte fermée au verrou ne donne-t-elle pas dans la chambre de celui que vous appeliez votre frère.

CHARLOTTE.

Oui, monsieur.

L'INCONNU.

Passant à la gauche et ouvrant la porte.

Entre, ne crains rien, Georges, je veillerai dehors.

Il sort par le fond.

SCÈNE VI.

CHARLOTTE, GEORGES, *entrant.*

GEORGES.

Se débarrassant de son manteau et de son chapeau.

Charlotte, mon trésor, mon amour, ma vie !

CHARLOTTE.

Lui ! lui ! que je croyais ne jamais revoir !

GEORGES.

Charlotte ? mais c'est moi ! Charlotte ! réponds-moi, ne me reconnais-tu point ?

CHARLOTTE.

Vous ici ?

Elle s'assied.

GEORGES, *à genoux.*

Oui, c'est étrange, n'est-ce pas ?.. c'est inespéré, inouï ! Oh ! je te retrouve donc plus belle que je ne t'ai quittée !

CHARLOTTE.

Comment êtes-vous revenu ?

GEORGES, *se levant et la ramenant en scène.*

Oh ! ne me demande rien... je ne sais pas... j'ai oublié... je te vois... je te parle... je te retrouve après t'avoir perdue pendant six mois... Oh ! ces six mois... ces six mois de tortures, d'enfer, tu me les feras oublier, n'est-ce pas ?

CHARLOTTE.

Pauvre Georges !

GEORGES.

Oh ! ne me plains pas, si tu m'aimes toujours, il n'y a pas d'homme plus heureux que moi en ce monde.

CHARLOTTE.

Pauvre Georges !

GEORGES.

Que dis-tu ?

CHARLOTTE.

Je dis que vous ne pouvez demeurer ici... que vous êtes perdu, si l'on voit...

GEORGES.

Oh ! je n'y suis pas pour longtems, j'accours et je repars.

CHARLOTTE, *avec joie.*

Vous repartez ?

GEORGES.

Oui... écoute et sois heureuse... je suis libre, tu le vois... j'ai de l'argent... cinq cents pistoles... nous gagnons la mer, nous nous embarquons... dans cinq semaines, nous pouvons être à Québec... une fois là, nul ne viendra nous demander compte de notre passé ; nous ne dissimulerons plus, nous ne craindrons plus, c'est toute une vie à recommencer... Oh ! vie de bonheur, de délices, celle-là !.. Tu es forte, tu es courageuse, nous allons partir, viens ! mon amour, viens ! viens !

CHARLOTTE.

Impossible, Georges !

GEORGES.

Comment, impossible?

CHARLOTTE.

Cinq cents pistoles, c'est la misère; Québec, c'est l'exil.

GEORGES.

Cinq cents pistoles! c'est plus qu'il ne nous en faut pour fonder une fortune; et quant à l'exil, l'exil n'existe pas quand on s'aime.

CHARLOTTE.

Oui, quand on s'aime.

GEORGES.

Mon Dieu! Charlotte, ne m'aimez-vous plus?... Ces serments que nous échangeâmes...

CHARLOTTE.

Bien des malheurs ont passé sur ces serments, Georges, qui nous ont prouvé que ces serments étaient impies.

GEORGES.

Mais rappelez-vous donc, Charlotte, tout nous lie l'un à l'autre, notre amour, nos douleurs... notre crime.

CHARLOTTE.

Georges, vous vous trompez, tout nous sépare au contraire, nous sommes l'un pour l'autre un remords vivant, nous ne devons plus nous revoir.

GEORGES.

Charlotte, au nom de notre amour!

CHARLOTTE, *passant près de la table où sont ses diamants; elle s'assied.*

Amour insensé de deux enfants isolés... perdus... abandonnés de Dieu et des hommes, ce serait tenter le ciel que de songer encore à cet amour...

GEORGES.

Charlotte... Charlotte... (*Montrant l'écrin.*) qu'est-ce que ces diamants?

CHARLOTTE.

Partez, Georges... vous êtes libre, je suis heureuse de vous voir libre... n'en demandez pas plus.

GEORGES.

Vous en aimez un autre, Charlotte?

CHARLOTTE.

Dans une demi-heure, je me marie.

GEORGES.

Alors, ces diamants...

CHARLOTTE.

C'est le cadeau de mes fiançailles.

GEORGES.

Celui que vous allez épouser est donc riche?

CHARLOTTE.

Riche et noble.

GEORGES.

Oh! malheur sur moi! mais aussi malheur sur lui! Nomme-le moi, Charlotte!

CHARLOTTE, *se levant et indiquant de la main le château,*

Il s'appelle le comte de La Fère, il habite ce château... vous pouvez aller le trouver et tout lui dire, mais vous auriez fait l'action d'un lâche...

GEORGES.

Est-ce bien Charlotte qui parle! ce sang-froid terrible qui me glace jusqu'au fond du cœur!... est-ce bien celui de la jeune fille qui a aimé!...

CHARLOTTE.

Non! c'est celui de la femme qui a souffert.

GEORGES, *prenant Charlotte dans ses bras.*

Charlotte, veux-tu me suivre dans ce coin du monde où j'offre de t'emmener... où je pourrai librement t'appeler ma femme au lieu de mentir comme ici où je t'appelais ma sœur...

CHARLOTTE.

Si vous élevez la voix ainsi, on vous entendra, Georges, et ce sera comme si vous m'aviez dénoncée.

GEORGES, *lui prenant la main et lui tâtant le cœur.*

Oh! sa main est glacée... son cœur sans battements! vous n'êtes pas une femme, Charlotte, vous êtes une statue de marbre... et vous avez raison... c'était une folie à moi d'aimer une statue.

CHARLOTTE.

Abrégeons, Georges... à quoi vous décidez-vous?

GEORGES.

Oui, l'heure passe, n'est-ce pas?

CHARLOTTE.

Pour vous comme pour moi.

GEORGES.

Oh! pour moi, ma résolution est prise, mon avenir fixé... Ne vous inquiétez pas de moi, Charlotte! Oh! cependant, (*A genoux.*) mon Dieu! s'il était resté dans votre cœur une étincelle de votre ancien amour, si j'avais pu la ranimer sous mon souffle, nous sommes jeunes, nous pouvions être heureux...

CHARLOTTE.

Oui, heureux de votre côté, heureux du mien... pas heureux ensemble.

La cloche tinte.

GEORGES.

Qu'est-ce que cela?

CHARLOTTE.

La cloche qui m'appelle; décidez de ma destinée, Georges, je suis entre vos mains.

GEORGES.

Allez, Charlotte... vous êtes libre.

CHARLOTTE.

Merci!

GEORGES.

A votre retour, vous ne me retrouverez pas ici.

Il va tomber sur une chaise.

CHARLOTTE.

Merci et adieu!

Elle lui présente la main; il recule.

GEORGES.

Adieu, madame la comtesse.

SCÈNE VII.

GEORGES, L'INCONNU.

GEORGES.

Oh! mon Dieu! mon Dieu!

L'INCONNU, *entrant par le fond.*

Eh bien, frère!

GEORGES.

C'est vrai... tu me l'avais dit!

L'INCONNU.

Et maintenant, tu vois que cette femme n'a pas d'âme, n'est-ce pas?

GEORGES.

Je le vois!

L'INCONNU.

Et tu la méprises comme la plus vile des créatures...

GEORGES.

Je la méprise!

L'INCONNU.

Bien, prends ton manteau, nous avons toute la nuit pour marcher; demain, au point du jour, tu seras hors de toute atteinte.

GEORGES.

J'y serai avant demain, frère!

L'INCONNU.

Que veux-tu dire?

GEORGES.

Je la méprise, mais je l'aime!

L'INCONNU.

Georges!

GEORGES.

Je la méprise, mais je ne puis vivre sans elle!

L'INCONNU.

Mon Dieu!

GEORGES.

Je la méprise... mais je mourrai.

L'INCONNU.

Mourir! c'est une idée grave et sérieuse, songes-y!

GEORGES.

Oh! depuis que je suis séparé d'elle, j'y songe là-bas! Prisonnier! je me disais, si je me sauve, ce sera pour revenir auprès d'elle! libre, grâce à toi, mon frère, je t'ai dit : La vie ne m'est rien sans elle! Sur le seuil de sa porte, avant d'entrer chez elle, je t'ai dit : Si elle ne m'aime plus... je mourrai!

L'INCONNU.

L'amour d'une femme est chose bien frivole dans la vie d'un homme, Georges!

GEORGES.

L'amour d'une femme est chose frivole pour celui qui, à côté de cet amour, a bonheur, richesses, avenir... Mais, pour celui qui est pauvre, déshonoré, flétri, pour celui qui n'avait que cet amour, l'amour d'une femme est tout! Frère, tu me connais, je suis las de la vie... (*Il s'assied près de la table.*) de la vie qui pèse sur moi et sur les autres... Au moment où le jugement qui me condamnait fut prononcé, tu me fis passer dans mon cachot un de ces pistolets... je ne m'en suis pas servi, rends-le moi... et cette fois je m'en servirai!

L'INCONNU.

C'est une résolution arrêtée?

GEORGES.

Immuable!

L'INCONNU, *lui donnant un pistolet.*

Tiens, frère!... et... embrasse-moi!...

GEORGES; *les deux frères se jettent dans les bras l'un de l'autre; puis, après quelques sanglots étouffés, Georges s'élance hors de la chambre en criant :*

Adieu, frère... Adieu!...

Il sort par la porte, côté du jardin.

L'INCONNU.

C'est bien, et maintenant, Georges, la femme sans cœur mourra comme toi... ou vivra flétrie comme toi.

Il met un fer dans le feu et éteint la lampe, puis il va attendre le long du mur, et quand Charlotte rentre, il referme la porte.

SCÈNE VIII.

CHARLOTTE, L'INCONNU.

CHARLOTTE, *rentrant par le fond, regarde autour d'elle.*

Il est parti!

L'INCONNU.

Oui... mais je suis resté, moi!

CHARLOTTE.

Qui êtes-vous?

L'INCONNU

Tout à l'heure, vous le saurez.

CHARLOTTE.

Oh! ne m'approchez pas... ou j'appelle!...

L'INCONNU.

Silence!

CHARLOTTE.

Georges! Georges! à moi!

L'INCONNU.

Ah! vous l'appelez maintenant?

CHARLOTTE.

Où est-il allé?

L'INCONNU.

Je vais vous le dire... mais auparavant, il faut que vous sachiez d'où il vient.

CHARLOTTE.

Mon Dieu!

L'INCONNU.

Georges était un bon et noble cœur; voué à l'état ecclésiastique, il eût vécu pour son salut et pour celui des autres, si le démon, sous les traits d'une jeune fille, ne fût venu le tenter.

CHARLOTTE.

Ah!

L'INCONNU.

Une première faute commise, il fallut en subir les conséquences... leur liaison ne pouvait durer longtemps sans les perdre tous deux... La jeune fille obtint de Georges qu'ils quitteraient le pays... mais, pour quitter le pays, pour fuir, pour gagner une autre partie de la France, où ils pussent vivre tranquilles, il fallait de l'argent, et ni l'un ni l'autre n'en avait... le prêtre vola les vases sacrés et les vendit.

CHARLOTTE.

Dieu!

L'INCONNU.

Avec l'argent, ils s'enfuirent, gagnèrent le Berry, s'ensevelirent dans un village... Mais Dieu offensé veillait, et sa justice les atteignit, ou plutôt atteignit le moins coupable des deux... Georges fut reconnu, arrêté, conduit dans les prisons de Béthune; et là, comme il prit toute la faute sur lui... comme il ne prononça point le nom de sa complice, il fut condamné... condamné seul... aux galères et à la flétrissure.

CHARLOTTE.

Condamné!

L'INCONNU.

Il y avait une chose terrible dans tout cela; une chose que vous ignorez, une chose que Georges ne vous a jamais dite... c'est que son frère était bourreau, bourreau de Béthune, c'est-à-dire de la ville dans laquelle Georges venait d'être condamné... et que, par conséquent, c'était le frère qui devait marquer le frère... oh! n'est-ce pas, vous ignoriez cette

L'INCONNU.

Insensé, fou, désespéré, Georges prit de la ceinture de son frère un des pistolets qu'il connaissait pour les avoir reçus dans sa prison... et s'enfuit; mais le frère resta, lui... il avait fait un serment.

CHARLOTTE.

Lequel?

L'INCONNU.

C'est que le crime aurait son expiation, c'est que le vrai coupable serait puni, c'est que la complice de Georges, la femme sans cœur mourrait comme lui, ou serait flétrie comme lui!

CHARLOTTE.

Mais il n'est pas mort!

On entend un coup de pistolet.

L'INCONNU.

Avez-vous entendu?

Il tire un poignard.

CHARLOTTE, *à genoux.*

Ah! grâce! grâce! la vie!

L'INCONNU.

Tu aimes mieux vivre! soit!

Il prend vivement le fer dans le feu et le lui applique sur l'épaule.

CHARLOTTE.

Ah!

L'INCONNU.

Et maintenant, veux-tu savoir qui je suis?

...au de

...r la

...e.

quitteraient le pays... mais, pour quitter le pays, pour fuir, pour gagner une autre partie de la France, où ils pussent vivre tranquilles, il fallait de l'argent, et ni l'un ni l'autre n'en avait... le prêtre vola les vases sacrés et les vendit.

CHARLOTTE.

Dieu!

L'INCONNU.

Avec l'argent, ils s'enfuirent, gagnèrent le Berry, s'ensevelirent dans un village... Mais Dieu offensé veillait, et sa justice les atteignit, ou plutôt atteignit le moins coupable des deux... Georges fut reconnu, arrêté, conduit dans les prisons de Béthune; et là, comme il prit toute la faute sur lui... comme il ne prononça point le nom de sa complice, il fut condamné... condamné seul... aux galères et à la flétrissure.

CHARLOTTE.

Condamné!

L'INCONNU.

Il y avait une chose terrible dans tout cela; une chose que vous ignorez, une chose que Georges ne vous a jamais dite... c'est que son frère était bourreau, bourreau de Béthune, c'est-à-dire de la ville dans laquelle Georges venait d'être condamné... et que, par conséquent, c'était le frère qui devait marquer le frère... oh! n'est-ce pas, vous ignoriez cette circonstance?.. le bourreau fit passer à Georges des pistolets, pour qu'il se brûlât la cervelle; mais le pauvre insensé aima mieux vivre; il espérait... il vécut donc, fut exposé, flétri et envoyé sur les galères.

CHARLOTTE.

Horreur!

L'INCONNU.

Dès lors, le frère du pauvre Georges n'eut plus qu'une pensée.. celle de rendre la liberté au condamné; mais une fois libre, au lieu de fuir, il voulut revoir celle qu'il aimait, celle qui l'avait perdu... il venait lui offrir toute sa vie, comme il lui avait déjà donné tout son honneur... elle refusa; elle allait se marier.

CHARLOTTE.

Eh bien! après?

L'INCONNU.

Insensé, fou, désespéré, Georges prit de la ceinture de son frère un des pistolets qu'il connaissait pour les avoir reçus dans sa prison... et s'enfuit; mais le frère resta, lui... il avait fait un serment.

CHARLOTTE.

Lequel?

L'INCONNU.

C'est que le crime aurait son expiation, c'est que le vrai coupable serait puni, c'est que la complice de Georges, la femme sans cœur mourrait comme lui, ou serait flétrie comme lui!

CHARLOTTE.

Mais il n'est pas mort!

On entend un coup de pistolet.

L'INCONNU.

Avez-vous entendu?

Il tire un poignard.

CHARLOTTE, *à genoux.*

Ah! grâce! grâce! la vie!

L'INCONNU.

Tu aimes mieux vivre! soit!

Il prend vivement le fer dans le feu et le lui applique sur l'épaule.

CHARLOTTE.

Ah!

L'INCONNU.

Et maintenant, veux-tu savoir qui je suis? je suis le frère de Georges, le bourreau de Béthune.

On frappe à la porte; l'inconnu s'élance par la fenêtre.

CHARLOTTE, ~~la dos appuyé à la muraille~~

Ah!

LE VICOMTE, *à la porte.*

Ouvrez, c'est moi.

CHARLOTTE.

Ah!

LE VICOMTE.

Ouvrez! c'est moi! c'est votre époux!

CHARLOTTE.

Jetant une mante qu'elle avait posée sur ~~une chaise~~ en entrant, sur ses épaules et allant à la porte.

Entrez, M. le vicomte, votre femme vous attend!

DEUXIÈME TABLEAU.

L'Antichambre de M. de Tréville.

L'antichambre à droite. — Le cabinet de Tréville à gauche, porte à droite dans l'antichambre, donnant chez le cardinal. — Un mousquetaire en faction devant la porte de Tréville. — Un garde du cardinal devant la porte du cardinal. — Le jour vient.

SCÈNE PREMIÈRE.

JUSSAC *parlant au factionnaire à la porte du Cardinal.* ARAMIS, *en face.*

JUSSAC.

Biscarat, vous avez la consigne... maintenant, rappelez-vous que son Eminence aime la paix.

BISCARAT.

Bien, lieutenant.

JUSSAC, *regardant Aramis.*

Ce qui veut dire qu'il faut que les gardes

de M. le Cardinal vivent en bonne intelligence, même avec les mousquetaires du roi.

BISCARAT.

Bien, lieutenant.

JUSSAC.

Bonne garde... M. de Rochefort va venir vous relever. (*Il sort*).

ARAMIS.

Vous n'êtes pas lieutenant, vous, M. de Biscarat, et on peut vous parler sous les armes.

BISCARAT.

Parlez, M. Aramis, parlez.

ARAMIS.

Je trouve impertinent ce membre de phrase : *même les mousquetaires* du roi ; et vous, M. de Biscarat ?

BISCARAT.

Moi, M. Aramis, je suis un garde du Cardinal et le mot ne m'a pas choqué.

ARAMIS.

Est-ce que l'on ne pourrait pas s'en expliquer un peu après la garde, M. de Biscarat ?

BISCARAT.

Mais cela peut se faire, M. Aramis.

ARAMIS.

Voilà tout ce que j'avais à vous dire, M. le garde.

BISCARAT.

Je suis bien votre serviteur, M. le mousquetaire.

Ils recommencent à se promener en long et en large.

SCÈNE DEUXIÈME.

LES MÊMES, Mme BONACIEUX, *entrant par le cabinet de M. de Tréville.*

Elle lève la portière et frappe sur l'épaule d'Aramis.

Chut ! *Aunis* et *Anjou*, restez comme vous êtes, devant moi, que le garde ne me voie point.

ARAMIS.

Comme cela !

Mme BONACIEUX.

Oui ; prenez ce mouchoir ; remarquez-en le chiffre et si quelque personne vous en présentait un pareil, ayez confiance en cette personne.

ARAMIS.

Mais, à quel moment, dans quel endroit me présenterait-on ce mouchoir?

Mme BONACIEUX.

Chez vous, rue de Vaugirard... on frapperait au volet ; prévenez-en la personne qui se cache dans votre maison.

ARAMIS.

Comment savez-vous ?..

Mme BONACIEUX.

Il suffit, puisque je le sais... mais c'est tout pour le moment, le reste viendra plus tard ; reprenez votre faction... adieu !

Elle rentre dans le cabinet et disparaît.

MILADY *et* ROCHEFORT.

Sortant de chez le cardinal.

ROCHEFORT.

Rien n'est plus simple, Milady ; vous prendrez ce mouchoir ; remarquez-en le chiffre.

MILADY.

Je le vois un C et un B.

ROCHEFORT.

Vous irez tantôt, rue de Vaugirard, en face le carré de peupliers ; frappez au volet d'une maison garnie de feuillages... vous montrerez ce mouchoir à la personne qui ouvrira le volet et vous demanderez l'adresse, et comme ce mouchoir est le signe de reconnaissance convenu entre eux, on vous donnera l'adresse.

MILADY.

Rien que cela ? l'adresse ?

ROCHEFORT.

Et vous ne l'oublierez pas, et vous me la ferez parvenir tout de suite.

MILADY.

Un dernier renseignement, si l'on me demandait le nom du maître de cette maison.

ROCHEFORT.

C'est un mousquetaire qui s'appelle Aramis.

MILADY.

Aramis ! bien.

ROCHEFORT.

Maintenant pas d'affectation, je vais relever les factionnaires.

MILADY.

Moi, je retourne chez moi. (*Ils se séparent*).

ROCHEFORT.

Messieurs, sept heures sonnent, vous êtes libres.

Sept heures ont sonné. Elle sort, après avoir mis un masque sur sa figure. On relève Aramis.

SCÈNE III.

Une fanfare sonne. Les portes s'ouvrent. Les mousquetaires commencent à entrer dans l'antichambre.

D'ARTAGNAN, ARAMIS, PORTHOS, MOUSQUETAIRES.

PORTHOS.

Eh ! oui, messieurs, j'ai gagné du froid cette nuit, et comme j'ai peur des rhumes, ma foi, j'ai pris le manteau.

BOISTRACY.

Oh ! mais ce n'est pas un baudrier que vous avez là sur la poitrine, Porthos, c'est un soleil.

Tous se récrient avec admiration.

PORTHOS, *négligemment.*

C'est assez bien, n'est-ce pas?

ARAMIS.

Bonjour, Porthos.

PORTHOS.

Eh ! bonjour Aramis.

ARAMIS.

En, l'honneur, vous éblouissez... venez à l'ombre... comment va notre malade?

PORTHOS.

Il souffre... le coup était rude, l'épée a traversé l'épaule jusqu'à la poitrine.

ARAMIS.

Pauvre Athos... il est au lit ?

PORTHOS, *très haut.*

Avec une fièvre de cheval... heureusement personne n'en sait rien... et ce n'est pas moi qui l'irai dire à M. de Tréville.

D'Artagnan paraît derrière le groupe des mousquetaires.

ARAMIS.

Chut ! pour Dieu ! Porthos, prenez garde, vous avez une voix... comme votre baudrier.

PORTHOS.

C'est juste, il y a des étrangers ici.

D'Artagnan se faufile dans les groupes, le chapeau à la main.

ARAMIS.

Qu'est-ce que c'est que celui-là ? Voyez donc Boistracy.

~~LE MOUSQUETAIRE.~~

Ce doit être un gascon fraîchement débarqué... attendez, (*Il va près de d'Artagnan*) monsieur ! pardon.

D'ARTAGNAN.

Monsieur ?

~~LE MOUSQUETAIRE.~~

Qu'y a-t-il pour votre service ?

D'ARTAGNAN.

S'il vous plaît, M. de Tréville, lieutenant, capitaine des mousquetaires.

~~LE MOUSQUETAIRE.~~

Monsieur, son valet de chambre est là.

D'ARTAGNAN.

Monsieur, je vous remercie humblement (*Au valet*). Voudriez-vous bien, s'il vous plaît, prévenir M. de Tréville, que le chevalier d'Artagnan lui demande un moment d'audience.

LE VALET.

Tout à l'heure ! M. de Tréville n'est pas arrivé !

~~UN AUTRE MOUSQUETAIRE.~~

D'ARTAGNAN.

Ce ne sont pas des regards qu'il lance, ce sont des coups de pistolet.

PORTHOS.

Cela va mal.

ARAMIS.

Mal !

Porthos va causer dans un groupe, Aramis reste avec un autre sur le devant.

D'ARTAGNAN.

Que c'est beau, les mousquetaires ? tous ces gens là ont des figures qui me reviennent... je me sens une sympathie... tiens, en voilà un qui perd son mouchoir. (*A Aramis qui s'en est aperçu, a mis le pied dessus.*) Monsieur ! (*Aramis ne répond pas.*) monsieur... je crois que voici un mouchoir que vous seriez fâché de perdre.

ARAMIS, *brutalement.*

Merci !

D'ARTAGNAN.

Il n'est guère aimable !

BOISTRACY, *lui prenant le mouchoir des mains.*

Ah ! ah ! discret Aramis, diras-tu encore que tu es mal avec ma cousine de Boistracy, elle te prête ses mouchoirs.. voyez, messieurs, le chiffre C. B.

D'ARTAGNAN.

Allons, bon ! j'ai fait un beau coup.

ARAMIS, *regardant furieusement d'Artagnan.*

Vous vous trompez, monsieur, ce mouchoir n'est pas à moi, et je ne sais pourquoi monsieur a eu la fantaisie de me le remettre, plutôt qu'à l'un de vous ; et la preuve de ce que je dis, c'est que voici mon mouchoir dans ma poche.

BOISTRACY.

Tu nies, à la bonne heure, sans quoi, pour la réputation de mon cousin Boistracy, j'eusse été forcé....

TRÉVILLE, *frappant du poing sur la table.*

C'est une indignité, morbleu !

BOISTRACY.

PORTHOS.

Il souffre... le coup était rude, l'épée a traversé l'épaule jusqu'à la poitrine.

ARAMIS.

Pauvre Athos... il est au lit ?

PORTHOS, *très haut.*

Avec une fièvre de cheval... heureusement personne n'en sait rien... et ce n'est pas moi qui l'irai dire à M. de Tréville.

D'Artagnan paraît derrière le groupe des mousquetaires.

ARAMIS.

Chut! pour Dieu! Porthos, prenez garde, vous avez une voix... comme votre baudrier.

PORTHOS.

C'est juste, il y a des étrangers ici.

D'Artagnan se faufile dans les groupes, le chapeau à la main.

ARAMIS.

Qu'est-ce que c'est que celui-là? Voyez donc Boistracy.

~~LE MOUSQUETAIRE.~~ Boistracy

Ce doit être un gascon fraîchement débarqué... attendez, (*Il va près de d'Artagnan*) monsieur! pardon.

D'ARTAGNAN.

Monsieur ?

~~LE MOUSQUETAIRE.~~ B. tracy

Qu'y a-t-il pour votre service ?

D'ARTAGNAN.

S'il vous plaît, M. de Tréville, lieutenant, capitaine des mousquetaires.

~~LE MOUSQUETAIRE.~~ B. tracy

Monsieur, son valet de chambre est là.

D'ARTAGNAN.

Monsieur, je vous remercie humblement (*Au valet*). Voudriez-vous bien, s'il vous plaît, prévenir M. de Tréville, que le chevalier d'Artagnan lui demande un moment d'audience.

LE VALET.

Tout à l'heure! M. de Tréville n'est pas arrivé !

~~UN AUTRE MOUSQUETAIRE.~~

Messieurs! messieurs! voici le capitaine.

TOUS.

Ah!

~~LE MOUSQUETAIRE.~~ B. tracy

Il est d'une humeur féroce.

BOISTRACY.

Est-ce qu'il saurait déjà l'aventure d'hier ?

SCÈNE IV.

LES MÊMES, TRÉVILLE.

Les mousquetaires le saluent.

TRÉVILLE.

Bonjour, messieurs, bonjour... Eh bien! qu'y a-t-il de nouveau.

BOISTRACY.

Mais, rien, capitaine, rien.

TRÉVILLE, *entrant chez lui.*

Les rapports !.. le procès-verbal.

D'ARTAGNAN.

Ce ne sont pas des regards qu'il lance, ce sont des coups de pistolet.

PORTHOS.

Cela va mal.

ARAMIS.

Mal !

Porthos va causer dans un groupe, Aramis reste avec un autre sur le devant.

D'ARTAGNAN.

Que c'est beau, les mousquetaires? tous ces gens là ont des figures qui me reviennent... je me sens une sympathie... tiens, en voilà un qui perd son mouchoir. (*A Aramis qui s'en est aperçu, a mis le pied dessus.*) Monsieur! (*Aramis ne répond pas.*) monsieur... je crois que voici un mouchoir que vous seriez fâché de perdre.

ARAMIS, *brutalement.*

Merci !

D'ARTAGNAN.

Il n'est guère aimable !

BOISTRACY, *lui prenant le mouchoir des mains.*

Ah! ah! discret Aramis, diras-tu encore que tu es mal avec ma cousine de Boistracy, elle te prête ses mouchoirs.. voyez, messieurs, le chiffre C. B.

D'ARTAGNAN.

Allons, bon! j'ai fait un beau coup.

ARAMIS, *regardant furieusement d'Artagnan.*

Vous vous trompez, monsieur, ce mouchoir n'est pas à moi, et je ne sais pourquoi monsieur a eu la fantaisie de me le remettre, plutôt qu'à l'un de vous; et la preuve de ce que je dis, c'est que voici mon mouchoir dans ma poche.

BOISTRACY.

Tu nies, à la bonne heure, sans quoi, pour la réputation de mon cousin Boistracy, j'eusse été forcé....

TRÉVILLE, *frappant du poing sur la table.*

C'est une indignité, morbleu !

BOISTRACY.

Voilà le capitaine qui se fâche.

D'ARTAGNAN, *à Aramis.*

Monsieur, je suis au désespoir.

ARAMIS.

Monsieur, nous réglerons ce compte-là.

D'ARTAGNAN.

Eh ! si vous le prenez ainsi... Au diable !

TRÉVILLE.

Un beau rapport! un beau bruit qui va courir... Mangrebleu!

PORTHOS.

Ça chauffe !

TRÉVILLE.

Nous allons voir tout à l'heure... Expédions d'abord les étrangers pour traiter l'affaire en famille. (*Au valet*). Qui est là?

LE VALET.

Les intendants.

TRÉVILLE.

Plus tard !

Tous ont les regards fixés sur la porte du Cabinet.

LE VALET.

Un secrétaire de M. de la Trémouille.

TRÉVILLE.

Demain...

LE VALET.

Et puis les signatures?

TRÉVILLE.

Donne vite.

Il se met à signer.

BOISTRACY.

Dieu soit loué! le capitaine se calme. Otez donc votre manteau, Porthos, que nous admirions votre baudrier, le roi n'en a pas un pareil.

ARAMIS.

Je parie que cette broderie vaut dix pistoles l'aune.

PORTHOS.

Douze... et il y en a une aune trois quarts.

BOISTRACY.

C'est somptueux! La broderie est-elle aussi fine derrière que devant?

PORTHOS, *environné de curieux, s'enveloppe dans son manteau.*

D'ARTAGNAN.

Voilà! voilà!

Il entre, les rires continuent autour de Porthos.

SCÈNE V.

LES MÊMES; D'ARTAGNAN.

D'ARTAGNAN.

Monsieur le capitaine, excusez-moi, j'ai eu bien du mal à pénétrer jusqu'à vous, mais je n'en ai que plus de joie à vous voir.

TRÉVILLE. *il lui indique le tabouret*

Merci... Un moment, jeune homme.

Il parle bas à son valet.

PORTHOS, *aux mousquetaires qui se moquent de lui.*

C'était une plaisanterie, une gageure.

ARAMIS.

Tout se passe en plaisanterie, aujourd'hui.

TRÉVILLE, *continuant de lire les procès-verbaux.*

Je n'y puis tenir, Athos! Porthos! Aramis!

D'ARTAGNAN.

Qu'est-ce que c'est que ces noms là?

Plus

Aprè

Ah!
de Ga

D'A
tagna

No

Le

y

M

V

Il se
ba
le
qu

Ir

LE VALET.

Un secrétaire de M. de la Trémouille.

TRÉVILLE.

Demain...

LE VALET.

Et puis les signatures?

TRÉVILLE.

Donne vite.

Il se met à signer.

BOISTRACY.

Dieu soit loué! le capitaine se calme. Otez donc votre manteau, Porthos, que nous admirions votre baudrier, le roi n'en a pas un pareil.

ARAMIS.

Je parie que cette broderie vaut dix pistoles l'aune.

PORTHOS.

Douze... et il y en a une aune trois quarts.

BOISTRACY.

C'est somptueux. La broderie est-elle aussi fine derrière que devant?

PORTHOS, *environné de curieux, s'enveloppe dans son manteau.*

Plus fine!

TRÉVILLE.

Après... Est-ce tout?

LE VALET.

Ah! monsieur, j'oubliais... Un gentilhomme de Gascogne... M. d'Artagnan.

TRÉVILLE.

D'Artagnan... le père? Mon vieil ami d'Artagnan.

LE VALET.

Non, monsieur, un jeune homme.

TRÉVILLE.

Le fils, alors... Appelle! appelle!

PORTHOS.

Vous allez me faire éternuer... brrr!

LE VALET.

M. d'Artagnan.

D'ARTAGNAN.

Voilà!

Il se précipite et vient s'enrouler dans Porthos, ils se balancent l'un l'autre; d'Artagnan s'empêtre dans le manteau de Porthos et le lui arrache. — On voit que le baudrier n'a qu'un devant.

PORTHOS.

Imbécile!

BOISTRACY.

Ah! ah! ah! le baudrier n'a qu'un devant.

Éclats de rire.

D'ARTAGNAN.

Bon, encore une bêtise.

Il veut passer, Porthos le retient.

PORTHOS.

Vous me paierez cela, monsieur le Gascon.

D'ARTAGNAN.

Soit, mais laissez-moi passer?

PORTHOS.

Oh! je vous attendrai là.

TRÉVILLE.

Eh bien! ce M. d'Artagnan?

D'ARTAGNAN.

Voilà! voilà!

Il entre, les rires continuent autour de Porthos.

SCÈNE V.

LES MÊMES; D'ARTAGNAN.

D'ARTAGNAN.

Monsieur le capitaine, excusez-moi, j'ai eu bien du mal à pénétrer jusqu'à vous, mais je n'en ai que plus de joie à vous voir.

TRÉVILLE.

Merci... Un moment, jeune homme.

Il parle bas à son valet.

PORTHOS, *aux mousquetaires qui se moquent de lui.*

C'était une plaisanterie, une gageure.

ARAMIS.

Tout se passe en plaisanterie, aujourd'hui.

TRÉVILLE, *continuant de lire les procès-verbaux.*

Je n'y puis tenir. Athos! Porthos! Aramis!

D'ARTAGNAN.

Qu'est-ce que c'est que ces noms là?

PORTHOS.

Aïe!

TOUS.

Aïe!

TRÉVILLE.

Athos! Porthos! Aramis!

PORTHOS et ARAMIS *entrant chez M. de Tréville.*

Nous voici, capitaine.

TOUS, *en dehors.*

Écoutons!

TRÉVILLE.

Savez-vous ce que m'a dit le roi, Messieurs, ce qu'il m'a dit hier soir?

PORTHOS.

Non, monsieur.

ARAMIS.

Mais, j'espère que vous nous ferez l'honneur de nous le dire.

TRÉVILLE.

Le roi m'a dit qu'il recruterait désormais ses mousquetaires, parmi les gardes du cardinal.

TOUS, *dehors.*

Oh! oh!

PORTHOS.

Et pourquoi cela, monsieur?

TRÉVILLE.

Parce que sa piquette a besoin d'être ragaillardie par du bon vin... Oui, Sa Majesté a raison... les mousquetaires font triste mine à la cour, et M. le Cardinal, le grand Cardinal, racontait hier devant moi, que ces damnés mousquetaires, ces pourfendeurs, ces diables à quatre, s'étant attardés, rue Féron, dans un cabaret, une ronde de ses gardes, à lui, Richelieu, avait été forcée d'arrêter les perturbateurs... Mordieu! arrêter des mousquetaires! Parlez donc! vous en étiez, vous? on vous a reconnu! on vous a nommés!

PORTHOS et ARAMIS.

Monsieur!

TRÉVILLE.

Oh! c'est bien ma faute! cela m'apprendra à mieux choisir mes hommes... Voyons! vous, monsieur Aramis, pourquoi m'avez-vous demandé la casaque de mousquetaire, quand vous seriez si bien sous une soutane? et vous, monsieur Porthos, à quoi vous sert un baudrier d'or comme celui-là, à pendre une épée de paille? Mordieu! et Athos, je ne le vois pas, où est-il?

ARAMIS.

Monsieur, Athos est malade.

TRÉVILLE.

Malade... De quelle maladie?

PORTHOS.

On craint que ce soit de la petite vérole.

TRÉVILLE.

Voilà un beau conte que vous me faites, il n'est pas malade, il aura été blessé, tué peut-être... Si je le savais!.. ventrebleu!

TOUS, *dehors.*

Diable! diable!

Ils se consultent, deux d'entr'eux se détachent et sortent.

TRÉVILLE.

Sangdieu!.. messieurs les mousquetaires, je n'entends pas qu'on hante les mauvais lieux! qu'on joue de l'épée dans les carrefours, je ne veux pas qu'on prête à rire aux gardes de M. le Cardinal, qui sont de braves gens (*murmures*), des gens adroits (*murmures*), des gens qui ne se mettent pas dans le cas d'être arrêtés, et qui, s'ils s'y mettaient, ne se laisseraient pas arrêter, j'en suis sûr... ils aimeraient mieux mourir sur la place, que de reculer! Se sauver, fuir, c'est bon pour des mousquetaires.

Trépignements, rage au dehors. Porthos et Aramis se rongent les doigts.

TRÉVILLE.

Ah! six gardes de son Eminence arrêtent six mousquetaires du roi! Morbleu! j'ai pris mon parti, je m'en vais de ce pas au Louvre, et je donne ma démission de capitaine des mousquetaires pour une lieutenance dans les gardes du cardinal. Et, si on me refuse, je me fais abbé, j'aime mieux cela! Vous serez mon suisse, Porthos, vous serez mon bedeau, Aramis.

Explosion de murmures au dehors, ~~d'Artagnan se cache derrière la table.~~

PORTHOS.

Eh bien! mon capitaine, c'est vrai que nous étions six contre six, mais on nous a pris en traîtres, et nous n'avions pas mis l'épée à la main, que deux de nous étaient morts et Athos blessé grièvement.

TRÉVILLE.

Ah! blessé...

PORTHOS.

Vous le connaissez, Athos, eh bien! il a essayé de se relever deux fois... Et deux fois il a retombé, nous ne nous sommes pas rendus, on nous a emportés.

ARAMIS.

Et moi, j'ai l'honneur de vous assurer, monsieur, que j'ai tué un garde avec sa propre épée, car on m'avait volé la mienne au fourreau. Tué ou poignardé, monsieur, comme il vous sera agréable.

TRÉVILLE.

On ne m'avait pas dit cela, messieurs, et Athos.

ARAMIS.

De grâce, capitaine, ne dites pas qu'Athos est blessé, il serait au désespoir que cela parvînt aux oreilles du roi... et comme la blessure est des plus graves, comme il garde le lit... je craindrais...

On voit Athos entrer soutenu par deux mousquetaires. Il est pâle comme la mort, il soulève la portière et paraît.

ARAMIS.

Athos!

TRÉVILLE.

Athos! imprudent!

ATHOS.

Vous m'avez mandé, à ce qu'on m'a dit, et je m'empresse de me rendre à vos ordres; que me voulez-vous?

TRÉVILLE.

J'étais en train de dire à ces messieurs, que je défends à mes mousquetaires d'exposer leurs vies sans nécessité... Les braves gens sont chers au roi, et les mousquetaires sont les plus braves gens du monde... Votre main, Athos.

Bravos. — Joie universelle.

ATHOS, *défaillant.*

Pardon, monsieur.

TRÉVILLE.

Qu'avez-vous?

ARAMIS.

Pardon, monsieur.

TRÉVILLE.

Qu'avez-vous?

ARAMIS.

Il perd connaissance... La douleur, monsieur, vous lui avez serré la main.

TRÉVILLE.

Un chirurgien! le mien ou celui du roi, le meilleur! un chirurgien! ou, sangdieu! mon brave Athos est mort! (*Tout le monde se bouscule et court en criant : Un chirurgien!*) Portez-le dans cette chambre-là... prenez garde.

ARAMIS.

Ce ne sera rien, il est fort!

BOISTRACY.

Eminence du diable!

PORTHOS.

Oh! les gardes de son Eminence; ils n'ont qu'à bien se tenir.

TRÉVILLE.

Allons, allons, messieurs, un peu de place chez moi, s'il vous plaît.

Ils sortent et vont se grouper dans l'antichambre.

SCÈNE VI.

TRÉVILLE, D'ARTAGNAN.

TRÉVILLE.

Voyons... où en étais-je?

D'ARTAGNAN, *sortant timidement de son coin.*

Monsieur.

TRÉVILLE.

Ah! c'est vrai, monsieur d'Artagnan.... Eh! bien que désirez-vous de moi, je serais heureux de faire quelque chose pour vous en souvenir de votre père...

D'ARTAGNAN.

Monsieur, tout-à-l'heure, je venais vous demander une casaque de mousquetaire ; mais d'après ce que je viens de voir ici, je comprends qu'une telle faveur serait énorme, et je ne la mérite pas.

TRÉVILLE.

C'est bien d'être modeste, surtout quand on est gascon... Non, je ne pourrais vous donner une casaque, on n'entre dans les mousquetaires qu'après deux ans de campagne ou des services signalés ; mais il y a autre chose pour commencer... Nos cadets de Béarn ne sont pas riches et vous ne roulez pas probablement sur l'or.

D'ARTAGNAN *piqué.*

Monsieur.

TRÉVILLE.

Oui, oui, je connais ces airs là... Je suis du pays... Quand j'arrivai à Paris, j'avais quatre écus dans ma poche et je me battis deux fois avec des gens qui prétendaient que je n'étais pas en état d'acheter le Louvre.

D'ARTAGNAN.

Quatre écus, j'en ai huit.

TRÉVILLE.

Décidez-vous... Je puis vous donner une lettre pour le directeur de l'Académie, vous y serez admis sans rétribution... Les gentilshommes apprennent là, le manège du cheval, l'escrime et la danse.

D'ARTAGNAN

Oh! monsieur, je sais monter à cheval, j'ai l'épée assez bien dans la main, et quant à la danse...

TRÉVILLE.

Eh bien! vous êtes un garçon accompli, vous n'avez besoin de rien, venez de temps en temps me voir, pour me dire vos affaires.

D'ARTAGNAN, *bas.*

Je me fais congédier!... Ah! monsieur, je ne sais pas vous parler ; vous me troublez, je perds la tête... Pourquoi n'ai-je pas la lettre de mon père? Sa recommandation me fait bien faute aujourd'hui.

TRÉVILLE.

En effet, comment se fait-il que vous veniez ici sans lettre de recommandation?

D'ARTAGNAN.

Eh! j'en avais une, monsieur, une parfaite, on me l'a perfidement volée.

TRÉVILLE.

Volée!

D'ARTAGNAN.

Oui, monsieur, à Meung, dans une hôtellerie ; je montais un cheval jaune.

TRÉVILLE.

Vous montiez un cheval?..

D'ARTAGNAN.

Bouton d'or... un gentilhomme se trouve là, prétend que la nuance appartient plutôt au règne végétal qu'au règne animal, nous mettons l'épée à la main... mais l'hôte survient et ses aides tombent lâchement sur moi à coups de bâton ; ils m'ont blessé, blessé, monsieur! malgré les menaces que je faisais en invoquant votre nom.

TRÉVILLE.

Mon nom! vous parliez tout haut de moi ?

D'ARTAGNAN.

Que voulez-vous ! un nom comme le vôtre devait me servir de bouclier, partout sur ma route je m'annonçais comme protégé de M. de Tréville; mais le sort s'est déclaré contre moi, mon adversaire me laissa aux prises avec la valetaille.

TRÉVILLE.

Un gentilhomme, c'est mal.

D'ARTAGNAN.

Il avait une sorte d'excuse... il attendait une femme... une bien belle femme qui arriva en effet et avec laquelle il a eu un long entretien... mais ce n'était pas une raison pour questionner l'hôte à mon sujet, fouiller dans ma poche après qu'on m'eut déshabillé, en apparence, pour me panser, mais au fond pour me voler la lettre de mon père... car, sans nul doute, c'est lui qui me l'a dérobée.

TRÉVILLE.

Pour quel motif?

D'ARTAGNAN.

Eh! la jalousie, donc. (*Rentrée d'Aramis et de Porthos.*)

TRÉVILLE.

Hum! vous dites que cela se passait à Meung?

D'ARTAGNAN.

Oui, monsieur.

TRÉVILLE.

Quand cela?

D'ARTAGNAN.

Il y a huit jours.

TRÉVILLE.

Et que ce gentilhomme attendait une femme.

D'ARTAGNAN.

Une très-belle femme.

TRÉVILLE.

Est-ce un homme de haute taille ?

D'ARTAGNAN.

Oui.

TRÉVILLE.

Le teint basanné, cheveux, moustaches noires.

D'ARTAGNAN.

Oui, c'est cela.

TRÉVILLE.

Une cicatrice au front?

D'ARTAGNAN.

Précisément... mais, comment se fait-il que vous connaissiez cet homme?... ah! si je le retrouve jamais, ah! monsieur, retrouvez-le moi, je vous prie.

TRÉVILLE.

Que lui a dit cette femme... savez-vous?

D'ARTAGNAN.

Elle lui a dit : courez annoncer là bas qu'il sera dans huit jours à Paris.

TRÉVILLE.

Et il a répondu...

D'ARTAGNAN.

Il a répondu : bien , milady!

TRÉVILLE.

C'est cela, c'est cela! ce sont eux... Ah! M. le Cardinal... Voyons, jeune homme, pensons à vous.

D'ARTAGNAN.

Monsieur, vous venez de dire que vous connaissiez cet homme, eh bien!... je vous tiens quitte de toutes vos promesses, quitte de toute votre bienveillance; dites-moi

SCÈNE VII.

LES MÊMES, ATHOS.

ATHOS.

D'Artagnan sort de chez Tréville et se heurte à Athos.

Sang-Dieu! (*Il pose la main à son épaule.*)

D'ARTAGNAN.

Pardon! je suis pressé.

ATHOS, *l'arrêtant.*

Vous êtes pressé, et ce prétexte vous suffit.

D'ARTAGNAN.

Le mousquetaire blessé... encore une bêtise; excusez-moi, monsieur... je...

ATHOS.

Un moment... vous n'êtes pas M. de Tréville, pour traiter cavalièrement les mousquetaires...

D'ARTAGNAN.

Ma foi, monsieur, je n'ai pas fait exprès de vous heurter, et je vous ai dit excusez, je trouve que cela suffit... lâchez-moi, je suis pressé, parole d'honneur.

ATHOS.

Je conçois que vous soyez pressé.

D'ARTAGNAN.

Ah! ce n'est pas de me sauver, toujours, je cours après quelqu'un.

ATHOS.

Eh bien! monsieur l'homme pressé, vous me trouverez sans courir, moi, entendez-

en-
ar-
les

D'ARTAGNAN.

Oui.

TRÉVILLE.

Le teint basanné, cheveux, moustaches noires.

D'ARTAGNAN.

Oui, c'est cela.

TRÉVILLE.

Une cicatrice au front ?

D'ARTAGNAN.

Précisément... mais, comment se fait-il que vous connaissiez cet homme?... ah! si je le retrouve jamais, ah! monsieur, retrouvez-le moi, je vous prie.

TRÉVILLE.

Que lui a dit cette femme... savez-vous?

D'ARTAGNAN.

Elle lui a dit : courez annoncer là bas qu'il sera dans huit jours à Paris.

TRÉVILLE.

Et il a répondu...

D'ARTAGNAN.

Il a répondu : bien , milady !

TRÉVILLE.

C'est cela, c'est cela! ce sont eux... Ah! M. le Cardinal... Voyons, jeune homme, pensons à vous.

D'ARTAGNAN.

Monsieur, vous venez de dire que vous connaissiez cet homme, eh bien !... je vous tiens quitte de toutes vos promesses, quitte de toute votre bienveillance ; dites-moi seulement son nom... son nom, je veux me venger, j'en brûle.

TRÉVILLE.

Gardez-vous en bien... si vous le voyez venir, mon cher, s'il était d'un côté de la rue, passez de l'autre ! ne vous heurtez pas à ce rocher, vous seriez brisé comme verre. Voyons, tenez-vous tranquille, gascon que vous êtes, pendant que je vais écrire au directeur de l'Académie ?

D'ARTAGNAN.

C'est bon, c'est bon, que je le retrouve, (*Tréville écrit.*) rocher ou éponge, s'il me tombe sous la main (*Il regarde par la porte.*) Ah !

TRÉVILLE.

Eh bien ! quoi...

D'ARTAGNAN.

Eh ! mais, c'est lui !

TRÉVILLE.

Qui, lui ?

Rochefort, sortant de chez le Cardinal, traverse le théâtre.

D'ARTAGNAN

Mon traître... mon voleur...

TRÉVILLE.

Arrêtez... ah ! ma foi, au diable !

D'ARTAGNAN.

(*S'élançant.*) Attends ! attends !

SCÈNE VII.

LES MÊMES, ATHOS.

ATHOS.

D'Artagnan sort de chez Tréville et se heurte à Athos.

Sang-Dieu ! (*Il pose la main à son épaule.*)

D'ARTAGNAN.

Pardon ! je suis pressé.

ATHOS, *l'arrêtant*.

Vous êtes pressé, et ce prétexte vous suffit.

D'ARTAGNAN.

Le mousquetaire blessé... encore une bêtise ; excusez-moi, monsieur... je...

ATHOS.

Un moment... vous n'êtes pas M. de Tréville, pour traiter cavalièrement les mousquetaires...

D'ARTAGNAN.

Ma foi, monsieur, je n'ai pas fait exprès de vous heurter, et je vous ai dit excusez, je trouve que cela suffit... lâchez-moi, je suis pressé, parole d'honneur.

ATHOS.

Je conçois que vous soyez pressé.

D'ARTAGNAN.

Ah ! ce n'est pas de me sauver, toujours, je cours après quelqu'un.

ATHOS.

Eh bien ! monsieur l'homme pressé, vous me trouverez sans courir, moi, entendez-vous ?

D'ARTAGNAN.

Où cela, s'il vous plaît ?

ATHOS.

Près des Carmes Deschaux.

D'ARTAGNAN.

A quelle heure ?

ATHOS.

A midi, et tâchez de ne pas me faire attendre ; car, à midi un quart, c'est moi qui courrais après vous et qui vous couperais les oreilles.

D'ARTAGNAN.

J'y serai à midi moins dix minutes.

Athos le lâche ; il se met à courir.

PORTHOS, *dans un groupe*.

Monsieur le gascon !

D'ARTAGNAN.

L'homme au baudrier... mordious !

PORTHOS.

Connaissez-vous le Luxembourg ?

D'ARTAGNAN.

Je ferai sa connaissance.

PORTHOS.

A midi.

D'ARTAGNAN.

Non pas, à une heure, s'il vous plaît.

PORTHOS.

Soit !

14. + Pendant que Tréville parle, D'artagnan roule son béret dans ses mains et frappe du pied –

++ – D'artagnan, oui Mr –

+++ Rochefort sort de chez le cardinal et traverse le théâtre

++++ – Il court à Rochefort – Rochefort tourne la balustrade – athos rentre du fond à gauche – D'artagnan le heurte à l'épaule – athos le prend par le bras droit le retient. D'artagnan lui répond sans cesser de regarder Rochefort qui a disparu.

+ 5. Porthos au fond fait face à D'artagnan – athos a gagné la scène à gauche et s'assied sur le tabouret.

athos, Porthos – D'artagnan

+ Porthos vient causer avec athos.

Entrée du Roi – de la porte à gauche dans le cabinet de Tréville – mouvement des mousquetaires – ils prennent leurs armes

mousquetaires mousquetaires

Le Roi – Tréville.

D'ARTAGNAN.

Et de deux! en courant bien, j'ai encore le temps de rattraper mon voleur.

Il se remet à courir.

ARAMIS, *près de la porte.*

Monsieur!

D'ARTAGNAN.

Ah! bon, l'homme au mouchoir!

ARAMIS.

Vous savez que je vous attendrai, rue du Chasse-Midi, à midi.

D'ARTAGNAN.

Non, monsieur, à deux heures, si cela vous est égal.

ARAMIS.

Deux heures, soit!

D'ARTAGNAN.

Eh bien! me voilà sûr de mon affaire; trois chances pour être tué aujourd'hui; oui, mais je serai tué par un mousquetaire... Ce serait joli si je pouvais tuer mon larron avant midi. Bah!... essayons.

Il prend sa course à toutes jambes et sort.

UN HUISSIER, *chez Tréville.*

Le roi!

LE ROI, *entrant chez Tréville.*

Bonjour, Tréville, êtes-vous raccommodé avec le Cardinal... je m'en vais chez lui.

TRÉVILLE.

Raccommodé avec Son Eminence... moi!

LE ROI.

Certainement, vous devez l'être... ses gardes battent nos mousquetaires.

TRÉVILLE.

Oh!

LE ROI.

Adieu, Tréville!

TRÉVILLE.

Le roi, messieurs.

Tambours. — Les factionnaires présentent les armes, les autres se mettent sur deux files, le roi sort.

TROISIÈME TABLEAU.

L'entrée des Carmes Déchaux.

Un pré aride; vieux bâtiments sans fenêtre; sur le côté, fond vague de maisons.

SCÈNE PREMIÈRE.

ATHOS, D'ARTAGNAN.

vantage, puisque vous me faites l'honneur de tirer l'épée contre moi avec une blessure dont vous devez être fort incommodé...

ATHOS.

...odé, sur ma parole, vous m'a-

D'ARTAGNAN.

Et de deux! en courant bien, j'ai encore le temps de rattraper mon voleur.

Il se remet à courir.

ARAMIS, *près de la porte.*

Monsieur!

D'ARTAGNAN.

Ah! bon, l'homme au mouchoir!

ARAMIS.

Vous savez que je vous attendrai, rue du Chasse-Midi, à midi.

D'ARTAGNAN.

Non, monsieur, à deux heures, si cela vous est égal.

ARAMIS.

Deux heures, soit!

D'ARTAGNAN.

Eh bien! me voilà sûr de mon affaire; trois chances pour être tué aujourd'hui; oui, mais je serai tué par un mousquetaire... Ce serait joli si je pouvais tuer mon larron avant midi. Bah!... essayons.

Il prend sa course à toutes jambes et sort.

UN HUISSIER, *chez Tréville.*

Le roi!

LE ROI, *entrant chez Tréville.*

Bonjour, Tréville, êtes-vous raccommodé avec le Cardinal... je m'en vais chez lui.

TRÉVILLE.

Raccommodé avec Son Eminence... moi!

LE ROI.

Certainement, vous devez l'être... ses gardes battent nos mousquetaires.

TRÉVILLE.

Oh!

LE ROI.

Adieu, Tréville!

TRÉVILLE.

Le roi, messieurs.

Tambours. — Les factionnaires présentent les armes, les autres se mettent sur deux files, le roi sort, [et se dirige chez le Cardinal.]

TROISIÈME TABLEAU.

L'entrée des Carmes Déchaux.

Un pré aride; vieux bâtiments sans fenêtre; sur le côté, fond vague de maisons.

SCÈNE PREMIÈRE.

ATHOS, D'ARTAGNAN.

ATHOS.

Personne! mon gascon ne viendrait-il pas?.. Attendons.

D'ARTAGNAN, *arrive tout essoufflé.*

Ah! monsieur, vous êtes le premier au rendez-vous. Excusez-moi, c'est que j'ai tant couru, et pour ne rien trouver... Ouf!..

ATHOS.

Il n'est pas midi, monsieur, vous n'êtes donc pas en retard...

D'ARTAGNAN.

Voilà midi qui sonne!..

ATHOS.

Monsieur, j'ai fait prévenir deux de mes amis qui me serviront de seconds; mais ces deux amis ne sont pas encore venus; du reste, je ne vois pas non plus les vôtres!..

D'ARTAGNAN.

Je n'en ai pas, monsieur, arrivé seulement hier à Paris, je n'y connais personne, que M. de Tréville... et encore...

ATHOS.

Vous ne connaissez personne... Ah! ça, mais si je vous tuais, par malheur, j'aurais l'air d'un mangeur d'enfants... moi!..

D'ARTAGNAN.

Pas trop, monsieur; puis vous avez du désavantage, puisque vous me faites l'honneur de tirer l'épée contre moi avec une blessure dont vous devez être fort incommodé...

ATHOS.

Très incommodé, sur ma parole, vous m'avez fait un mal du diable!.. mais, si je suis trop fatigué à la main droite, je prendrai la main gauche, c'est mon habitude en pareille occasion... Oh! je ne vous fais pas de grâce, je tire aussi bien d'une main que de l'autre... et l'avantage est même pour moi; un gaucher, c'est très gênant pour les gens qui n'en ont pas l'habitude.

D'ARTAGNAN.

Oh! monsieur, ne vous occupez pas de moi, je vous prie... je n'en vaux pas la peine... causons de vous.

ATHOS.

Vous me rendez confus... mais ces messieurs ne viennent pas... Ah! sangdieu, que vous m'avez fait mal... L'épaule me brûle.

D'ARTAGNAN.

Si vous voulez permettre, monsieur, j'ai un baume miraculeux pour les blessures... un baume qui vient de ma mère. Je vous en ferai part et je suis sûr qu'en trois jours ce baume vous guérirait.

ATHOS.

Eh bien!

D'ARTAGNAN.

Eh bien! au bout de trois jours, quand vous

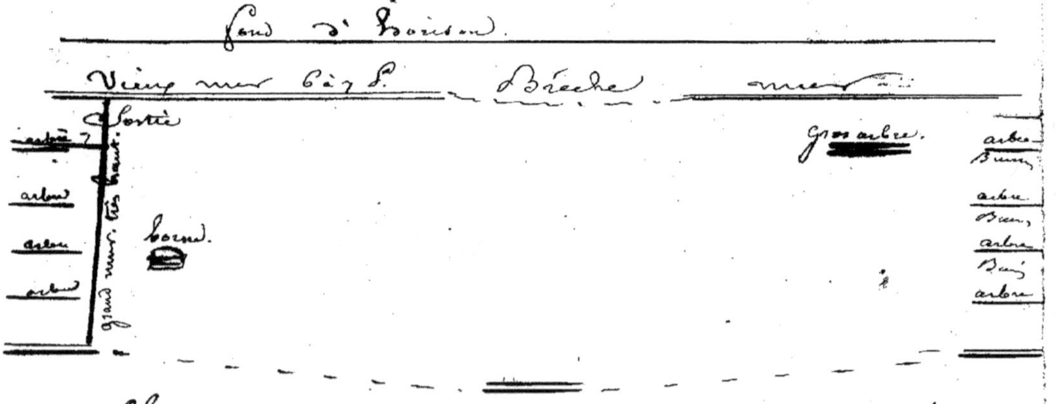

[Fond de maisons. — Vieux mur — Brèche — mur — Sortie — arbre — borne — grand mur très haut — Gros arbre — arbre — Buisson]

[+ Athos entre en scène à droite, il regarde et ne voyant pas d'Artagnan il vient s'asseoir sur la borne.]

[++ D'Artagnan entre ... à gauche en courant, fait le tour du théâtre, puis s'adosse à l'arbre du fond à droite.]

seriez guéri, ce me serait toujours un grand honneur d'être votre homme.

ATHOS.

Parbleu! voilà une proposition qui me plait: elle sent son homme de cœur... merci! Mais d'ici à trois jours, voyez-vous, monsieur, le Cardinal ou ses gens sauraient que nous devous nous battre, et l'on s'opposerait à notre combat... Ah! mais ces flâneurs n'arrivent pas...

D'ARTAGNAN.

Si vous êtes pressé, monsieur, et qu'il vous plaise de m'expédier tout de suite, je vous en prie, ne vous gênez pas.

ATHOS.

Voilà encore un mot qui m'est agréable... il est bien dit... il n'est pas d'un homme sans cervelle. Monsieur, j'aime les gens de votre trempe; et si nous ne nous entretuons pas aujourd'hui, je crois que plus tard, j'aurai un véritable plaisir dans notre conversation..... Ah! voici un de mes hommes.

D'ARTAGNAN.

Quoi! M. Porthos!..

ATHOS.

Cela vous contrarie?..

D'ARTAGNAN.

Nullement.

SCÈNE II.

LES MÊMES, PORTHOS, ARAMIS.

PORTHOS.

Ah! qu'est-ce que je vois?..

ATHOS.

C'est avec monsieur que je me bats.

PORTHOS.

Et moi aussi!..

ATHOS.

Vous aussi?..

D'ARTAGNAN.

A une heure!..

ARAMIS, *arrivant.*

Et moi aussi!.... je me bats avec monsieur...

D'ARTAGNAN.

A deux heures!..

ARAMIS.

C'est vrai... mais, pourquoi vous batt vous, Athos?..

ATHOS.

Ma foi, je ne sais pas... il m'a fait mal à l paule; et vous, Porthos! pourquoi vous ba tez-vous contre ce jeune homme?

PORTHOS.

Je me bats, parce que... je me bats.

D'ARTAGNAN.

Une discussion sur la toilette.

ATHOS.

Mais vous, Aramis, qu'avez-vous eu a lui?..

ARAMIS.

Un point de controverse. (*A d'Artagnan.*) Monsieur?...

D'ARTAGNAN.

A propos de saint Augustin, oui...

ATHOS, *à part.*

C'est un garçon d'esprit, décidément!...

PORTHOS.

Ça, prenons notre tour.

D'ARTAGNAN.

Un moment, messieurs; à présent que vous êtes réunis, permettez-moi de vous faire mes excuses...

TOUS.

Oh! oh!

D'ARTAGNAN.

Vous ne me comprenez pas... je m'excuse d'une seule chose, c'est de ne pouvoir vous payer ma dette à tous trois. En effet, M. Athos a le droit de me tuer le premier, ce qui ôte beaucoup de valeur à votre créance M. Porthos, et rend la vôtre à peu près nulle monsieur Aramis... je ferai donc banqueroute à l'un de vous, à deux peut-être... Voilà de quoi je m'excusais, rien que de cela... Maintenant, messieurs, quand vous voudrez?...

ATHOS.

A la bonne heure!..

D'ARTAGNAN.

J'y creverai... mais les cent mousquetaires y fussent-ils ensemble, je ne romprai pas d'une semelle.

Ils dégainent.

ATHOS.

Vous avez pris la mauvaise place; vous avez le soleil dans les yeux.

D'ARTAGNAN.

Bah! je le connais... je suis du midi.

Ils engagent le fer.

seriez guéri, ce me serait toujours un grand honneur d'être votre homme.

ATHOS.

Parbleu! voilà une proposition qui me plaît, elle sent son homme de cœur, merci! Mais d'ici à trois jours, voyez-vous, monsieur, le Cardinal ou ses gens sauraient que nous devous nous battre, et l'on s'opposerait à notre combat... Ah! mais ces flâneurs n'arrivent pas...

D'ARTAGNAN.

Si vous êtes pressé, monsieur, et qu'il vous plaise de m'expédier tout de suite, je vous en prie, ne vous gênez pas.

ATHOS.

Voilà encore un mot qui m'est agréable... il est bien dit... il n'est pas d'un homme sans cervelle. Monsieur, j'aime les gens de votre trempe; et si nous ne nous entretuons pas aujourd'hui, je crois que plus tard, j'aurai un véritable plaisir dans notre conversation..... Ah! voici un de mes hommes.

D'ARTAGNAN.

Quoi! M. Porthos?..

ATHOS.

Cela vous contrarie?..

D'ARTAGNAN.

Nullement.

4. Porthos entre du 3e P. à Droite

SCÈNE II.

LES MÊMES, PORTHOS, ~~ARAMIS~~.

PORTHOS.

Ah! qu'est-ce que je vois?.. ~~aramis entre du 2e à gauche~~

ATHOS.

C'est avec monsieur que je me bats.

PORTHOS.

Et moi aussi!..

ATHOS.

Vous aussi?..

D'ARTAGNAN.

A une heure!..

ARAMIS, *arrivant*, du 2e à gauche

Et moi aussi!.... je me bats avec monsieur...

D'ARTAGNAN.

A deux heures!..

ARAMIS.

C'est vrai... mais, pourquoi vous battez-vous, Athos?..

ATHOS.

Ma foi, je ne sais pas... il m'a fait mal à l'épaule; et vous, Porthos! pourquoi vous battez-vous contre ce jeune homme?

PORTHOS.

Je me bats, parce que... je me bats.

D'ARTAGNAN.

Une discussion sur la toilette.

ATHOS.

Mais vous, Aramis, qu'avez-vous eu avec lui?..

ARAMIS.

Un point de controverse. (*A d'Artagnan.*) Monsieur?...

D'ARTAGNAN.

A propos de saint Augustin, oui...

ATHOS, *à part.*

C'est un garçon d'esprit, décidément!...

PORTHOS.

Ça, prenons notre tour.

D'ARTAGNAN.

Un moment, messieurs; à présent que vous êtes réunis, permettez-moi de vous faire mes excuses...

TOUS.

Oh! oh!

D'ARTAGNAN.

Vous ne me comprenez pas... je m'excuse d'une seule chose, c'est de ne pouvoir vous payer ma dette à tous trois. En effet, M. Athos a le droit de me tuer le premier, ce qui ôte beaucoup de valeur à votre créance M. Porthos, et rend la vôtre à peu près nulle monsieur Aramis... je ferai donc banqueroute à l'un de vous, à deux peut-être... Voilà de quoi je m'excusais, rien que de cela... Maintenant, messieurs, quand vous voudrez?...

ATHOS.

A la bonne heure!..

D'ARTAGNAN. Jette son manteau et son chapeau à Droite

J'y creverai... mais les cent mousquetaires y fussent-ils ensemble, je ne romprai pas d'une semelle.

Ils dégainent.

ATHOS.

Vous avez pris la mauvaise place; vous avez le soleil dans les yeux.

D'ARTAGNAN.

Bah! je le connais... je suis du midi.

Ils engagent le fer.

Ils paraissent par la brèche

SCÈNE III.

LES MÊMES, JUSSAC, Biscarat, trois GARDES.

JUSSAC.

Oh! oh! mousquetaires, on se bat donc par ici, et les édits, qu'en faisons-nous?..

ATHOS.

Jussac!..

PORTHOS.

Les gens du Cardinal!..

ARAMIS.

L'épée au fourreau!.. on exécute ce qu'il dit

JUSSAC.

Il est trop tard!

ATHOS.

Eh! messieurs, de quoi vous mêlez-vous?.. Si nous vous voyions vous battre, vous tuer.. je vous réponds, que nous ne vous en empêcherions pas...

BISCARAT.

Toujours aimables... Les leçons ne vous profitent pas, il paraît?..

+ Athos — D'artagnan — Porthos

++ Athos. Aramis, D'artag. Port

+ les 3 autres sont réunis. Aramis et Porthos ont l'air de dire à Athos: tu es blessé, laisse nous commencer, Athos refuse et dégaine — D'artagnan en fait autant. Porthos et Aramis ont aussi dégainé, ils ont remonté comme témoins.

Athos et D'art. croisent le fer et font des dégagements

Jussac Gardes

++

Athos Aramis Porthos

D'artagnan court ramasser son manteau et son chapeau traverse le théâtre devant la rampe et vient se placer à gauche n° 1.

Winter paraît et descend à Droi

ARAMIS.

Ah! M. de Biscarat, vous vous rappelez que nous avons une partie liée.

JUSSAC.

Encore des provocations!.. Nous sommes en service, messieurs; rengaînez, mille diables! et suivez-nous!..

ARAMIS.

Impossible d'obéir à votre gracieuse invitation... M. de Tréville nous l'a défendu...

JUSSAC.

C'est comme cela!..

ATHOS.

Mais, oui! c'est comme cela...

JUSSAC.

Eh bien! si vous n'obéissez pas...

ATHOS.

Quoi?

JUSSAC. *

Vous allez voir, attention! vous autres. M. de Winter, vous n'êtes pas à M. le cardinal vous... vous êtes anglais. Si vous voulez vous abstenir...

WINTER.

Non, messieurs, je ne suis pas à M. le cardinal, mais ma sœur, lady de Winter, est des amies de son Eminence... Je suis anglais, c'est vrai, mais raison de plus pour que je montre à des Français, qu'on se bat bien en Angleterre comme en France, et comme ma promenade m'a conduit ici, ~~ce que vous~~ ferez je le ferai.

ATHOS, *à ses amis.*

Ils sont cinq, nous sommes trois, nous serons encore battus... et il nous faudra mourir ici. Ça, je vous déclare que je ne reparais pas vaincu devant le capitaine...

PORTHOS.

Ni moi!..

ARAMIS.

Ni moi!..

ATHOS.

Voyons, délibérons!..

D'ARTAGNAN *dans un coin.*

Voici le moment de prendre son parti, si je ne me trompe... c'est là un de ces événements qui décide de la vie d'un homme... Il s'agit de choisir entre le roi et le cardinal... C'est un triste ami que le roi, c'est un rude ennemi que le cardinal... Ah! bah! j'ai le cœur mousquetaire... tant pis... Pardon, messieurs...

ATHOS.

Quoi?..

D'ARTAGNAN. **

Vous venez de vous tromper, tout-à-l'heure, en disant que vous n'étiez que trois...

ARAMIS.

Mais non...

PORTHOS.

Nous sommes trois...

JUSSAC.

Diantre! est-ce qu'ils prennent du renfort. ***

Allons vous autres! l'épée à la main sur une ligne... allons! beau gascon, déguerpissez... nous vous donnons la clé des champs... Sauvez votre peau!

BISCARAT.

Vous ferez sagement, car il va pleuvoir des coups d'épée...

D'ARTAGNAN.

Eh! bien, il en pleuvra pour tout le monde, je reste...

ATHOS.

Vous vous mettez avec nous contre eux!... vous, notre ennemi, c'est beau... mais...

D'ARTAGNAN.

Oui... je vois, vous vous demandez si je vaux mon homme. Essayez, essayez toujours, j'en ferai bien assez pour me faire tuer proprement.

ATHOS.

Allons! vous êtes un joli garçon... comment vous appelle-t-on?

D'ARTAGNAN.

D'Artagnan!

ATHOS.

Eh! bien, Athos, Porthos, Aramis et d'Artagnan, ~~en avant~~!..

JUSSAC.

Ah! c'est cela que vous décidez... Eh! bien nous autres, en avant! en avant!

TOUS.

En avant!.. Combat général! *5

D'ARTAGNAN, *après avoir engagé le fer avec Jussac, à Winter.*

Si vous voulez, il y a place pour tout le monde.

DE WINTER.

Non... je remplacerai le premier qui sera blessé. Cloche

PORTHOS, *à Cahusac.*

Est-ce que je n'entends pas sonner midi et demie, M. de Cahusac.

CAHUSAC.

Fanfaron!

PORTHOS.

Vous avez là une jolie lame, mon cher!

ARAMIS, *à Biscarat.*

Biscarat, je vous devais celle-là. (*Il le tue.*) (+)

A un autre.

JUSSAC.

C'est un jeu de province que vous avez là.

D'ARTAGNAN.

Un jeu de gascon, oui, monsieur.

Il le blesse. ○

ATHOS, *à Aramis.*

Il va bien le d'Artagnan!

ARAMIS.

Et vous, Athos?

ATHOS.

Moi... moi... je souffre! mais je m'échauffe.

D'ARTAGNAN.

Attendez-moi un peu.

* pendant ce temps les trois mousquetaires se sont réunis et semblent délibérer

** Il prend son élan, et enfonçant le groupe il se fait place avec les coudes.

*** Pendant la scène ~~[illegible]~~ les gardes du cardinal et Winter se sont groupés et Jussac à l'œil sur les mousquetaires

**** L'épée à la main sur une ligne

Porthos — aramis — athos — D'artagnan — Cahusac — Biscarat — 1 — 2 — Jussac — Winter

*5. Tous marchent les uns sur les autres les 2 lignes se rompent — ordre du Combat

D'artagnan a couru sur Jussac qu'il charge et repousse à D. athos charge le garde no 2 — ils sont [illegible]. aramis charge Biscarat de face — mais aramis lui fait tourner de manière que Biscarat a le dos tourné à l'arbre et quand il reçoit le coup il tombe au pied de l'arbre. Porthos attaque Cahusac qui avait 4. à mesure qu'Athos fait rompre le garde no 2. Cahusac tourne avec Porthos et se trouve côté jardin 1 P.

(+) Winter remonte vivement — aramis tire son mouchoir et cherche à étancher le sang de Biscarat. Winter semble l'attendre

○ un peu dans la coulisse à droite

JUSSAC.

Il est charmant, lui...

D'ARTAGNAN.

N'est-ce pas... allez! (*Il renverse Jussac.*) C'est une botte de M. d'Artagnan père... M. de Winter, je suis à vos ordres.

ATHOS.

Laissez-moi celui-là, c'est celui qui m'a blessé hier. (*Il le désarme.*)

PORTHOS, *touchant son homme.*

Trois à quatre.

ATHOS, *à un garde.*

Rendez-vous!

D'ARTAGNAN, *à Winter.*

Je vous tue!

WINTER.

Tuez!

D'ARTAGNAN.

Ma foi, non... vous me faites l'effet d'un brave anglais, vous vivrez.

WINTER.

Merci! Votre nom, monsieur, votre adresse.

D'ARTAGNAN.

Si c'est pour recommencer, je suis là, recommençons tout de suite.

WINTER.

Non, monsieur, c'est pour vous remercier; c'est pour présenter à ma sœur un galant homme à qui je dois la vie; ainsi, votre nom, votre adresse.

D'ARTAGNAN.

M. le chevalier d'Artagnan, rue des Fossoyeurs.

WINTER.

Monsieur, recevez tous mes compliments. Au revoir.

PORTHOS.

Ah! ah! voilà une revanche!

D'ARTAGNAN, *voyant que les mousquetaires partent sans lui.*

Et moi?

ATHOS.

Vous!... Toi, embrasse-moi, et ne me fais pas mal à l'épaule.

Aramis et Porthos l'embrassent.

D'ARTAGNAN.

Nous sommes donc amis!

ATHOS.

A la vie! à la mort!

TOUS.

A la vie! à la mort!

ATHOS.

Seulement, te voilà brouillé avec M. le Cardinal.

D'ARTAGNAN.

Ah! bah! si je suis reçu apprenti mousquetaire, M. le Cardinal n'est pas mon oncle.

QUATRIÈME TABLEAU.

Chez Milady.

SCÈNE PREMIÈRE.

KETTY, ROCHEFORT, *entre le premier.*

KETTY.

Non, monsieur, vous n'entrerez pas, on n'entre pas chez madame.

ROCHEFORT, *descendant la scène.*

Alors, ma belle enfant, vous qui pouvez entrer, annoncez M. de Rochefort, allez vite.

KETTY.

Moi, je ne peux pas entrer plus que vous, chez madame, quand elle s'habille.

ROCHEFORT.

Ah! c'est juste, une anglaise... mais cependant on leur parle, aux anglaises, quand on est pressé.

KETTY.

Je vais sonner madame. Elle sonne.

ROCHEFORT.

C'est le contraire en France...

KETTY.

Oh! mais ici, c'est comme cela.

ROCHEFORT.

Oh! qu'à cela ne tienne.

KETTY.

Monsieur est pressé...

ROCHEFORT.

Très pressé.

Ketty sonne encore et sort par le fond.

SCÈNE II.

LES MÊMES, MILADY.

MILADY.

Ah! c'est vous, Monsieur de Rochefort... Eh bien, est-ce que vous m'apportez des nouvelles de lord Winter.

ROCHEFORT.

De lord Winter? Non, pourquoi?

MILADY.

Il paraît qu'il y a eu bataille entre des gardes du Cardinal et des mousquetaires.

ROCHEFORT.

Eh bien! que voyez-vous là d'effrayant? il y en a tous les jours.

MILADY.

Sans doute; mais tous les jours, mon frère, lord Winter, n'est pas mêlé à ces combats.

ROCHEFORT.

Et il s'est battu aujourd'hui?

MILADY.

Voici ce qui s'est passé, lord Winter se promenait avec ses gardes... ceux-ci ont rencontré des mousquetaires de Tréville, et à l'heure qu'il est le sang a coulé! mon frère est tué peut-être!

ROCHEFORT.

Ah! mon Dieu! mais, comment savez-vous cela, Milady?

MILADY.

Le valet de chambre de mon frère a vu de loin s'engager le combat; il est accouru ici tout effaré... pauvre garçon!

ROCHEFORT.

Vous l'avez envoyé prévenir le cardinal!

MILADY.

Non; j'avais la tête perdue; je ne sais ce que j'ai fait.

ROCHEFORT.

Oh! vous auriez tort de vous désespérer, le baron n'est pas votre frère... mais...

MILADY.

C'est seulement le frère de feu lord Winter, mon mari... mais, n'importe, je l'aime tant!

ROCHEFORT.

Ce pauvre baron! je ne sais pourquoi; mais quelque chose me dit qu'il lui est arrivé malheur...

MILADY.

Vous croyez?

ROCHEFORT.

Ces diables de mousquetaires ont la main si heureuse ou si malheureuse... après cela, il y a une consolation.

MILADY.

Laquelle?

ROCHEFORT.

Si le baron est tué... son bien ne sera pas perdu.

MILADY.

Comment?

ROCHEFORT.

Il a cent mille écus de revenu... n'est-ce pas?

MILADY.

A peu près...

ROCHEFORT.

Eh bien! est-ce que votre fils, son neveu, n'hérite pas de lui?

MILADY.

Oh! comte... ce n'est pas cela que vous veniez me dire, je suppose.

ROCHEFORT.

Pardon... vous savez que je suis positif... mais laissons là l'héritage de lord Winter; non, ce n'est pas de cela que je venais vous parler.

MILADY.

Dites, alors!

ROCHEFORT.

Je venais vous expliquer tout notre plan, pour l'enlèvement de lord Buckingham!

MILADY.

Voyons!

ROCHEFORT.

Une fois le mouchoir montré rue de Vaugirard, l'adresse vous est donnée, n'est-ce pas?

MILADY.

Oui, après?

ROCHEFORT.

Une fois l'adresse découverte, vous indiquez un rendez-vous au duc.

MILADY.

Fort bien; à quel endroit?

ROCHEFORT.

Chez cette petite Bonacieux, la confidente de la reine; le duc s'y rendra sans défiance.

MILADY.

Evidemment.

ROCHEFORT.

Et comme nous aurons établi une souricière chez cette petite Bonacieux...

MILADY.

Une souricière!

ROCHEFORT.

Oui, nous appelons souricière, à Paris, l'endroit où la souris entre toujours; mais d'où elle ne sort jamais.

MILADY.

Je comprends.

ROCHEFORT.

Vous voyez que le duc est pris, et pris chez la Bonacieux, la confidente de la reine... voilà ce qu'il fallait démontrer comme on dit en géométrie.

MILADY.

C'est entendu... à ce soir... maintenant, laissez-moi m'informer.

ROCHEFORT.

Ah! oui, de la succession... pardon de la situation de lord Winter.

KETTY, *entrant.*

Lord Winter, Milady.

MILADY.

Ah!.. blessé...

ROCHEFORT.

Mortellement?

SCÈNE III.

LES MÊMES, WINTER.

WINTER.

Bonjour milady; bonjour ma sœur.

MILADY.

Ah! monsieur, j'étais dans une anxiété!

ROCHEFORT.

J'en suis témoin, cher comte, madame vous croyait mort.

WINTER.

Je l'étais, M. de Rochefort, sans la générosité de mon adversaire, qui m'a noblement donné la vie.

ROCHEFORT.

Un beau trait, n'est-ce pas, madame? un beau trait?

MILADY.

Oh! magnifique!

WINTER.

Si beau, que j'ai supplié ce cavalier de vouloir bien m'accompagner ici, pour vous être présenté, ma sœur.

MILADY.

Et il est venu?

WINTER.

Il est en bas; permettez-vous que je le fasse monter?

MILADY.

Sans doute, je serai charmée; quel est ce cavalier?

WINTER.

Un gentilhomme du Béarn, monsieur le chevalier d'Artagnan.

MILADY.

Mon gascon?

ROCHEFORT.

Mon gascon, il ne faut pas qu'il me trouve ici! milady! milady, pardon, comte; milady, est-ce que vous n'avez pas quelque part une porte dérobée?

MILADY.

Celle-ci.

ROCHEFORT.

Très bien; permettez que je disparaisse; j'étais sûr qu'il y avait une porte dérobée.

MILADY.

Qu'a-t-il donc? Eh bien! j'attends votre vainqueur, mon frère.

WINTER.

Chevalier! chevalier! entrez, je vous prie.

SCÈNE IV.

LES MÊMES, D'ARTAGNAN.

D'ARTAGNAN,

Il entre tout défiant et regardant sans cesse derrière lui.

Je viens de voir un homme qui traversait la cour... un homme! c'est singulier, je sens mon voleur!

Après avoir regardé à la fenêtre, il retourne au corridor.

WINTER.

Vous voyez, madame, le gentilhomme qui vous a conservé un frère; remerciez-le donc, si vous avez quelque amitié pour moi.

MILADY.

Gascon maudit!.. soyez le bienvenu, monsieur; vous avez acquis aujourd'hui des droits éternels à ma reconnaissance; mais qu'avez-vous donc?

D'ARTAGNAN.

Pardon, madame... c'est que je crois toujours... Ah!... milady.

WINTER.

Eh bien! quoi?

MILADY.

Siugnlière façon de se présenter.

D'ARTAGNAN.

Excusez mes distractions, madame, et vous aussi, mylord... mais madame est si belle...

MILADY.

On excuse tout, même sans compliment, de la part d'un homme aussi brave et aussi généreux que vous l'êtes, monsieur d'Artagnan, j'aime fort les prouesses guerrières, et si vous tenez à me satisfaire entièrement, vous me raconterez votre combat.

D'ARTAGNAN.

Ah! madame... et la modestie...

WINTER.

Je parlerai donc, puisque vous êtes modeste... mais d'abord, voici du vin de Chypre et des verres, vous allez me faire raison... n'est-ce pas, milady?

MILADY.

Certainement...

Winter verse du vin.

D'ARTAGNAN.

C'est singulier, j'aurais cru que cette sœur si tendre me sauterait au cou, me mangerait de caresses, et pas du tout, on dirait maintenant qu'elle me regarde de travers... oh! quels yeux!

WINTER.

A votre santé, monsieur le chevalier... ma sœur...

D'ARTAGNAN.

Quel dommage que des yeux si beaux soient si méchants!

Il boit.

WINTER.

Asseyez-vous, chevalier, asseyez-vous, je vous en prie... Maintenant, ma sœur, je suis tout à mon récit. Ah! c'était un rude combat! neuf lames bien affilées qui s'entrelaçaient, qui se tordaient comme des couleuvres au soleil!

KETTY, *entrant.*

Mylord, un petit laquais attend sous le vestibule; sa maîtresse, dit-il, est bien inquiète de Votre Honneur.

WINTER.

Ah! c'est vrai; pauvre femme! Permettez, ma sœur, permettez, monsieur d'Artagnan, je vous laisse en bonne compagnie l'un et l'autre... Sans adieu, chevalier. Viens, Ketty.

SCÈNE V.

MILADY, D'ARTAGNAN.

D'ARTAGNAN.

Diable d'Anglais! me laisser seul avec cette dame! Rendez donc service aux gens!

MILADY.

Eh bien, monsieur, vous ne dites plus rien!

D'ARTAGNAN.

Mais madame, en vérité, j'ai si peur d'être indiscret...

MILADY.

Pourquoi donc, monsieur d'Artagnan, vous êtes timide?

D'ARTAGNAN.

Ma foi, madame, plus que timide, je suis embarrassé.

MILADY.

Et vous l'avouez?

D'ARTAGNAN.

Oh! si je ne vous l'avouais pas, vous vous en apercevriez bien... j'aime autant l'avouer... cela me fait parler... et cela m'enhardit peu à peu.

MILADY.

Monsieur d'Artagnan, vous avez tort d'être timide, cela vous nuira beaucoup.

D'ARTAGNAN.

En quoi, madame?

MILADY.

Vaillant, jeune, brave, vous allez avoir bientôt de la réputation, avec de la réputation des succès.

D'ARTAGNAN.

Comme vous êtes, vous croyez?

MILADY.

C'est inévitable... à moins que vous ne soyez pas d'humeur amoureuse.

D'ARTAGNAN.

Oh! madame, bien au contraire.

MILADY.

Ah! vous êtes...

D'ARTAGNAN.

Oui, milady, oui... et si je trouvais...

MILADY.

Quoi?

D'ARTAGNAN *essayant de lui prendre la main.*

Si je trouvais un peu d'indulgence.

MILADY.

Pardon, monsieur d'Artagnan, est-ce que vous ne cherchez pas à prendre du service à Paris?

D'ARTAGNAN.

Elle change la conversation; c'est dommage, j'étais lancé. (*Haut.*) Du service à Paris?

MILADY.

Sans doute; vous avez des amis?

D'ARTAGNAN.

J'en ai trois... trois mousquetaires.

MILADY.

Mais vous ne pouvez pas entrer aux mousquetaires... c'est très difficile... Est-ce que vous n'avez pas un peu d'ambition?

D'ARTAGNAN.

Ça se pourrait.

MILADY.

Est-ce qu'un service très relevé... très brillant... le service de Son Éminence, par exemple.

D'ARTAGNAN.

Ah! je ne peux pas, madame, mes trois amis sont brouillés avec le Cardinal, et moi-même, à cause de ce combat...

MILADY.

Je comprends... Oh! Son Éminence n'a qu'à bien se tenir... oui dà! Mais je ne vous proposais pas le service du Cardinal, monsieur d'Artagnan, je faisais une question toute officieuse.

D'ARTAGNAN.

Oh! ce n'est pas, madame, que je dédaigne le service de monsieur le Cardinal, j'ai trop d'admiration pour Son Eminence... mais il m'est revenu que le cabinet du Louvre et le Palais-Cardinal ont souvent maille à partir, et dans ma position et dans celle de mes amis, qui peut prévoir si un jour Sa Majesté et même M. de Tréville... Allons, je m'embrouille en politique... j'aime mieux la première conversation... milady!

MILADY.

Monsieur d'Artagnan!

D'ARTAGNAN.

Milady, j'étais en train de dire tout à l'heure que si je trouvais une âme indulgente... je m'efforcerais de n'être ni trop indiscret ni trop timide.

MILADY.

C'est lui qui change la conversation cette fois... Pas mal, en vérité, je parlerai de ce drôle au Cardinal.

D'ARTAGNAN.

Vous ne me répondez pas, madame?

MILADY.

En vérité, monsieur, que vous répondrais-je? vous me faites une déclaration à brûle-pourpoint... l'attaque est vive.

D'ARTAGNAN.

Une déclaration... Eh bien! madame, défendez-vous.

MILADY,

Vous êtes trop dangereux, chevalier... (*A part*) il vient de me faire perdre cent mille livres de rente, et il me fait la cour... oh! je le surveillerai... (*Haut*). Monsieur d'Artagnan, une garnison si vigoureusement sommée de rendre n'a qu'une ressource.

D'ARTAGNAN.

Laquelle?

MILADY.

Celle de faire une sortie.

D'ARTAGNAN.

Oh! madame! vous me quittez! vous m'en voulez?

MILADY.

Je ne vous en veux pas, mais je m'enferme. Adieu, monsieur le chevalier.

SCÈNE VII.

D'ARTAGNAN, *seul.*

Eh bien, j'espère que voilà une arrivée à Paris qui promet! Là-bas, victoire l'épée à la main; ici, il me semble que, pour une première entrevue, j'ai poussé l'affaire assez vigoureusement; et j'ai bien vu dans les yeux de milady qu'il était temps pour elle de commencer la retraite... elle s'est enfermée... Ce n'est pas votre porte qui m'empêcherait d'entrer, madame; mais lord de Winter pourrait revenir; mes amis m'attendent à la Pomme-de-Pin pour fêter notre victoire, je ne dois pas, je ne veux pas les faire attendre.

SCÈNE VIII.

D'ARTAGNAN, KETTY.

Celle-ci est entrée doucement et le regarde à ces derniers mots. Elle pousse un soupir.

KETTY.

Oh!

D'ARTAGNAN.

Qu'y a-t-il?

Il se retourne.

KETTY.

Ah! quel dommage!

D'ARTAGNAN.

Comment! quel dommage?

KETTY.

Un si joli garçon!

D'ARTAGNAN.

Eh bien?

KETTY.

Une si bonne figure!

D'ARTAGNAN.

C'est moi que tu plains ainsi, ma belle enfant?

KETTY.

Oui.

D'ARTAGNAN.

Pourquoi me plains-tu?

KETTY.

Je veux dire que vous mériteriez...

D'ARTAGNAN.

Mais parle donc!.. parle donc!..

KETTY.

Non! non! laissez-moi!

D'ARTAGNAN.

Je veux que tu t'expliques, je veux que tu me dises pourquoi tu me plains, et ce que je mériterais...

KETTY.

Si milady m'entendait, mon Dieu!.. Ah! laissez-moi!..

D'ARTAGNAN.

Tu as peur de Milady?

KETTY.

Oh!

D'ARTAGNAN.

Elle est méchante... n'est-ce pas?

KETTY.

Taisez-vous... taisez-vous...

D'ARTAGNAN.

Je ne te quitterai pas que tu m'aies dit...

KETTY.

Jamais!

D'ARTAGNAN.

Oh! c'est mal.

KETTY.

Oui! ce serait mal de vous laisser ainsi vous perdre!

D'ARTAGNAN.

Me perdre!

KETTY.

Assez! assez! j'en ai trop dit... Adieu, monsieur le chevalier.

D'ARTAGNAN.

Voyons, un seul mot?

KETTY.

Eh bien!.. eh bien!.. tâchez de ne plus aimer ma maîtresse.

D'ARTAGNAN, *la retenant.*

Mais pourquoi?

On sonne.

KETTY.

Parce qu'elle ne vous aimera pas.

D'ARTAGNAN.

Elle ne m'aimera pas.

KETTY.

Elle en aime un autre... tenez...

Elle lui montre une lettre.

D'ARTAGNAN, *lisant.*

« A monsieur le baron de Vardes... » Un rival!

Il prend la lettre.

KETTY.

Ah! mon Dieu! rendez-moi cette lettre! rendez-la-moi!

D'ARTAGNAN.

Adieu, Ketty!

KETTY.

Ma lettre!

D'ARTAGNAN.

Si tu la veux, viens la chercher chez moi!

KETTY.

Où celà?

D'ARTAGNAN.

Rue des Fossoyeurs, chez M. Bonacieux, épicier-mercier.

ACTE II.

Personnages.

D'ARTAGNAN.
PLANCHET.
BONACIEUX.
PORTHOS.
ATHOS.
ARAMIS.

L'EXEMPT.
MOUSQUETON.
GRIMAUD.
BAZIN.
L'HOMME NOIR.
LES GARDES.

CINQUIÈME TABLEAU

SCÈNE PREMIÈRE.

D'ARTAGNAN puis PLANCHET.

D'ARTAGNAN, *fouillant dans les armoires.*

Des bouteilles vides et des assiettes propres, voilà ce qui s'appelle un ménage bien tenu. Planchet !

PLANCHET, *entrant.*

Monsieur !

D'ARTAGNAN.

Je voudrais déjeûner.

PLANCHET.

Monsieur voudrait déjeûner.

D'ARTAGNAN.

Oui, qu'as-tu à me donner ?

PLANCHET.

Moi... rien !

D'ARTAGNAN.

Je vais déjeûner chez Aramis... Je suis sûr que son laquais est plus soigneux que vous, monsieur Planchet... Ah ! si j'avais Bazin à mon service au lieu de vous avoir... Eh bien ! qu'est-ce cela ?

PLANCHET.

Une lettre de M. Aramis.

D'ARTAGNAN.

Ah ! ah ! Que dit-il ?

« Mon cher chevalier,

« Mon coquin de libraire ne m'ayant point apporté hier, comme il me l'avait promis, le prix de mon poëme, et ce misérable Bazin n'ayant pas su se créer un crédit dans le quartier, j'irai vous demander à déjeûner ce matin, vous savez combien je suis sobre, une tasse de chocolat, des confitures et quelques patisseries suffiront.

ACTE II.

Personnages.

D'ARTAGNAN.
PLANCHET.
BONACIEUX.
PORTHOS.
ATHOS.
ARAMIS.
L'EXEMPT.
MOUSQUETON.
GRIMAUD.
~~BAZIN.~~
L'HOMME NOIR.
LES GARDES.

CINQUIÈME TABLEAU

SCÈNE PREMIÈRE.

D'ARTAGNAN puis PLANCHET.

D'ARTAGNAN, *fouillant dans les armoires.*

Des bouteilles vides et des assiettes propres, voilà ce qui s'appelle un ménage bien tenu. Planchet !

PLANCHET, *entrant.*

Monsieur !

D'ARTAGNAN.

Je voudrais déjeûner.

PLANCHET.

Monsieur voudrait déjeûner.

D'ARTAGNAN.

Oui, qu'as-tu à me donner?

PLANCHET.

Moi... rien !

D'ARTAGNAN.

Comment rien..., Drôle !

PLANCHET.

Rien absolument.

D'ARTAGNAN.

Ah ça ! mais, oubliez-vous, M. Planchet, que j'ai fort mal dîné hier.

PLANCHET.

C'est vrai, hier monsieur le chevalier a fort mal dîné.

D'ARTAGNAN.

Et que j'ai déjeûné à peine.

PLANCHET

Monsieur a déjeûné à peine, c'est vrai.

D'ARTAGNAN.

Et vous croyez que je me contenterai de cet ordinaire là.

PLANCHET.

Le fait est que depuis quelque temps l'ordinaire est triste.

D'ARTAGNAN.

C'est bien, donnez-moi mon épée ?

PLANCHET.

Son épée... Est-ce que ?...

D'ARTAGNAN.

Je vais déjeûner chez Aramis... Je suis sûr que son laquais est plus soigneux que vous, monsieur Planchet... Ah ! si j'avais Bazin à mon service au lieu de vous avoir... Eh bien ! qu'est-ce cela ?

PLANCHET.

Une lettre de M. Aramis.

D'ARTAGNAN.

Ah ! ah ! Que dit-il ?

« Mon cher chevalier,

« Mon coquin de libraire ne m'ayant point apporté hier, comme il me l'avait promis, le prix de mon poème, et ce misérable Bazin n'ayant pas su se créer un crédit dans le quartier, j'irai vous demander à déjeûner ce matin, vous savez combien je suis sobre, une tasse de chocolat, des confitures et quelques patisseries suffiront.

« ARAMIS. »

PLANCHET.

Le fait est qu'on ne peut pas être moins exigeant.

D'ARTAGNAN.

Tu diras à Aramis que j'étais sorti quand sa lettre est arrivée, je vais déjeûner chez Porthos... Qu'est-ce encore ?

PLANCHET.

Une lettre de M. Porthos.

D'ARTAGNAN.

Donne !

« Mon cher d'Artagnan,

« J'ai perdu cette nuit, dans un infâme tripot, mon quartier de rentes... (*A part.*) Que diable va-t-il faire là... (*Il lit.*) Hier, toute la journée, j'ai vécu de croûtes fort dures... (*A part.*) Tant mieux. (*Il lit.*) J'irai partager ce matin votre déjeûner, tâchez qu'il soit copieux, car j'ai grand faim...

D'ARTAGNAN.

C'est absolument comme moi... Ah ! j'ai une dernière ressource.

PLANCHET.

Quoi ! Monsieur ?

D'ARTAGNAN.

Mon chapeau, je n'ai pas de temps à perdre.

PLANCHET.

Pourquoi faire ?

D'ARTAGNAN.

Pour me sauver... Tu diras à Porthos que sa lettre est arrivée trop tard, et que je déjeûne chez Athos... (*A Planchet lui présentant une troisième lettre.*) Monsieur...

PLANCHET.

Une lettre de M. Athos.

D'ARTAGNAN.

C'est peut-être une invitation. (*Lisant.*) « Mon cher chevalier, j'ai vidé hier ma dernière bouteille de vin dEspagne. (*Parlé.*) Vraiment, monsieur Planchet, votre conduite envers moi, je ne veux pas la qualifier... Enfin, M. Bonacieux, notre propriétaire, a une foule de bonnes choses dans sa boutique... en liqueurs... confitures... petites salaisons.

PLANCHET.

Oui, monsieur, mais nous avions promis de payer la première quinzaine d'avance.

D'ARTAGNAN.

Et...

PLANCHET.

Nous l'avons oublié.

D'ARTAGNAN, *lisant.*

« Or, vous savez que je puis me passer de manger, » (*Parlé.*) Il est bien heureux ! (*Lisant*) « mais non de boire... Faites donc tirer de votre cave ce que vous avez de mieux en madère, en porto ou en xérès. » (*Parlé.*) C'est comme cette petite fruitière à qui je vous avais ordonné de faire la cour...

PLANCHET.

Monsieur, elle m'a donné mon congé avant-hier, et hier, elle m'a remplacé par un laquais de M. de la Trémouille.

D'ARTAGNAN.

Vous vous êtes laissé supplanter ? Lâcheté ! (*Continuant la lecture de sa lettre.*) « Et si votre cave, par hasard, se trouve vide, envoyez-en chercher à l'hôtellerie de la Pomme-de-Pin, c'est là qu'on trouve le meilleur. »

PLANCHET.

S'il n'y avait que l'hôtelière... mais l'hôtelier a déclaré qu'il ne fournirait plus rien que contre pistoles.

D'ARTAGNAN, *regardant Planchet.*

Monsieur Planchet, j'ai remarqué que, dans nos moments de détresse, et ces moments se représentent plusieurs fois dans le mois, monsieur Planchet, j'ai remarqué que votre humeur ne souffrait aucune altération.

PLANCHET.

C'est vrai, monsieur, j'ai un charmant caractère.

D'ARTAGNAN.

Monsieur Planchet, j'ai remarqué, en outre, que vous supportiez la faim sans que votre physique en souffrît...

PLANCHET.

C'est que j'ai un bon estomac, monsieur.

D'ARTAGNAN.

Monsieur Planchet, vous avez des ressources inconnues.

PLANCHET.

Moi, monsieur ?

D'ARTAGNAN.

Tenez, dans ce moment, à l'heure où je vous parle.. vous n'avez pas faim.

PLANCHET.

Oh ! monsieur, si l'on peut dire ! tenez, regardez mes dents.

D'ARTAGNAN, *avec doute.*

Hum !

PLANCHET, *vivement.*

Monsieur sort ?

D'ARTAGNAN.

Oui.

PLANCHET.

Et si les amis de monsieur viennent ?..

D'ARTAGNAN.

Qu'ils attendent.

PLANCHET.

Monsieur n'a pas d'ordres à donner ?

D'ARTAGNAN, *marchant sur Planchet.*

Avec cela que vous les exécutez bien les ordres qu'on vous donne, butor ! drôle ! maraud !

Il serre le ceinturon de son épée et sort.

SCÈNE III.

PLANCHET, *seul.*

Il a faim... aussi, c'est inouï, ces mousquetaires ; au lieu d'avoir de l'ordre, de l'économie, de penser aux temps de disette... pendant les jours d'abondance, cela joue, cela boit, cela mange, et puis quand l'argent est dépensé, il faut se serrer le ventre. Je n'ai pas faim !.. comme c'est injuste, les maîtres !.. C'est-à-dire au contraire que je meurs de faim et que je n'attendais que le moment de sa sortie pour déjeûner. (*Il tire une cuisse de poulet entourée de papier de sa poche et de l'autre poche une bouteille de vin.*) Ah ! voilà les seuls bons moments que j'aie dans la journée.

SCÈNE IV.

PLANCHET, D'ARTAGNAN.

D'ARTAGNAN, *qui a fait une fausse sortie et qui a vu Planchet faire ses arrangements.*

Psitt ! (*Planchet se retourne effaré.*) A votre santé, monsieur Planchet.

PLANCHET.

Ouf!

Il cache la bouteille et sa cuisse de poulet avec son corps.

D'ARTAGNAN.

Eh bien! mais que faisiez-vous donc là?

PLANCHET.

Monsieur, je buvais un verre d'eau tout en cassant une croûte.

D'ARTAGNAN.

Un verre d'eau?

Il prend le verre des mains de Planchet, le regarde, verse une goutte de vin sur son ongle.

PLANCHET.

D'eau rougie, monsieur.

D'ARTAGNAN.

Monsieur Planchet, vous sentez la volaille.

PLANCHET.

C'est vrai, j'ai un peu mordu dans une cuisse de dinde.

D'ARTAGNAN, *tirant Planchet, qui est obligé de démasquer la table.*

Ah! ah! maître Planchet, nous faisons nopces et festins, à ce qu'il paraît; ça, voyons comment le laquais mange-t-il de la volaille et boit-il du vin, tandis que le maître en est réduit à se serrer le ventre?.. (*Planchet s'éloigne et gagne la porte.*) Halte! et répondez-moi!

PLANCHET.

Eh bien! monsieur le chevalier avait deviné juste, j'ai des ressources inconnues.

D'ARTAGNAN.

Ah! ah!

PLANCHET.

Une industrie particulière.

D'ARTAGNAN.

Voyons votre industrie, monsieur Planchet, je ne serais pas fâché de la connaître.

PLANCHET.

Monsieur sait que cette chambre est située juste au-dessus du magasin d'épiceries de M. Bonacieux.

D'ARTAGNAN.

Oui, je sais cela. Après?

PLANCHET.

Eh bien! j'ai découvert un ancien judas.

D'ARTAGNAN.

Comment, un ancien judas?

PLANCHET.

Il paraît que cette chambre était celle de M. Bonacieux, et pour voir d'ici ce qui se passait dans son magasin, il avait pratiqué une trappe.

D'ARTAGNAN.

Malheureux! j'espère bien que vous ne descendez pas par cette trappe pour faire vos provisions.

PLANCHET.

Fi donc! monsieur; descendre! moi! ce serait voler! Non, monsieur, ce sont les provisions qui montent.

D'ARTAGNAN.

Ah! elles montent?

PLANCHET.

Oui, monsieur.

D'ARTAGNAN.

Et comment montent-elles? expliquez-moi cela?

PLANCHET.

Vous voulez le savoir?

D'ARTAGNAN.

Oui.

PLANCHET.

Monsieur veut-il me faire l'honneur de se pencher et de regarder?

D'ARTAGNAN.

Mais... s'il y a quelqu'un dans le magasin?

PLANCHET.

Oh! non, monsieur, à cette heure-ci, il n'y a jamais personne.

D'ARTAGNAN, *penché.*

Oui, je vois.

PLANCHET.

Et que voit monsieur?

D'ARTAGNAN.

Je vois du pain sur une huche, des bouteilles de liqueurs, des jambons fumés.

PLANCHET.

Monsieur voit bien tout cela?

D'ARTAGNAN.

Oui, oui!

PLANCHET.

Eh bien! attendez un peu, monsieur. (*Planchet prenant une hallebarde dans un coin.*) Je vais avoir l'honneur d'offrir à monsieur un pain tendre et un jambon fumé.

Il enfonce la hallebarde par le judas.

D'ARTAGNAN.

Ah! ah! celui-ci, celui-ci. Diable! est-ce que jusqu'à présent on se serait trompé sur la destination des hallebardes?

PLANCHET, *qui a piqué un pain et un jambon.*

Vous avez vu, monsieur, la seule manière de s'en servir.

D'ARTAGNAN.

Bon! voilà le pain et le jambon; mais le vin, monsieur Planchet, le vin?

PLANCHET.

Monsieur, le hasard a fait que j'ai beaucoup connu un espagnol qui avait voyagé dans le Nouveau-Monde.

D'ARTAGNAN.

Quel rapport le Nouveau-Monde peut-il avoir avec le vin que vous buviez à votre santé quand je suis entré, monsieur Planchet?

PLANCHET.

Au Mexique, les naturels du pays chassent le tigre et le taureau avec de simples nœuds coulants qu'ils lancent au col de ces terribles animaux.

D'ARTAGNAN.

Monsieur Planchet, je ne vois pas jusqu'à présent...

PLANCHET.

Monsieur va voir; d'abord je ne voulais pas

croire que l'on pût en arriver à ce degré d'adresse, de jeter à vingt ou trente pas l'extrémité d'une corde où l'on veut; mais comme mon ami plaçait une bouteille à trente pas, et à chaque coup lui prenait le goulot dans un nœud coulant, je me livrai à cet exercice, et aujourd'hui, je lance le lasso presque aussi bien qu'un homme du Nouveau-Monde. Si monsieur le chevalier veut en juger?

Il tire une corde de sa poche.

D'ARTAGNAN.

Mais oui, je serais curieux d'assister à cet exercice.

PLANCHET.

Eh bien! (*Il jette la corde.*) Tenez...

Une bouteille remonte prise par le goulot.

D'ARTAGNAN.

Mais c'est de la liqueur, et non pas du vin.

PLANCHET.

Monsieur le chevalier, avec une bouteille de liqueur que je vends deux livres, j'achète quatre bouteilles de vin de Bourgogne à dix sous la pièce. Maintenant, monsieur, permettez-moi de vous offrir le rôti.

Il va prendre la ligne.

D'ARTAGNAN.

La friture, tu veux dire?

PLANCHET.

Non, monsieur, le rôti.

D'ARTAGNAN.

La friture?

PLANCHET.

Si la fenêtre de monsieur le chevalier donnait sur un étang, sur un lac, sur une rivière, je pêcherais des brochets, des carpes, des truites; mais la fenêtre donne sur un poulailler, je pêche des poules; monsieur va voir comme cela mord. (*Il jette une ligne et tire une poule.*) On n'a que le temps de jeter la ligne... voilà.

D'ARTAGNAN.

Monsieur Planchet, vous êtes un drôle!

PLANCHET.

Monsieur...

D'ARTAGNAN.

Mais, vu l'urgence de la situation, je vous pardonne. Allez plumer cette poule et la faire rôtir. (Il sort.) Tenez, on a frappé, ce sont probablement nos amis.

PLANCHET.

Oui, ce sont eux probablement.

D'ARTAGNAN.

Le drôle est plein d'inventions ingénieuses, c'est un trésor qu'un pareil laquais.

PLANCHET, *revenant tout effarouché.*

Monsieur! monsieur!

D'ARTAGNAN.

Eh bien, qu'as-tu?

PLANCHET.

C'est M. Bonacieux, notre propriétaire.

D'ARTAGNAN.

Oh! oh! vous aurait-il vu jeter le lasso ou pêcher à la ligne, monsieur Planchet?

PLANCHET.

Je ne sais pas, monsieur, mais à tout hasard, fourrez-moi cette poule dans ma poche.

BONACIEUX, *dans l'antichambre.*

Hum! hum!

D'ARTAGNAN.

Ma foi, tant pis, arrive qu'arrive! Entrez, monsieur Bonacieux, entrez!

SCÈNE IV.

D'ARTAGNAN, BONACIEUX.

BONACIEUX.

Monsieur le chevalier, je suis bien votre serviteur.

D'ARTAGNAN.

C'est moi qui suis le vôtre, monsieur... Planchet! un fauteuil! Eh bien, où est-il donc? Excusez-moi, monsieur, mais je suis servi par un drôle qui mérite les galères.

Il approche un fauteuil.

BONACIEUX.

Ne vous donnez pas la peine, monsieur, j'ai entendu parler de vous comme d'un chevalier très honnête et surtout très brave.

D'ARTAGNAN.

Monsieur...

BONACIEUX.

Et cette dernière qualité m'a décidé à m'adresser à vous.

D'ARTAGNAN.

Pourquoi faire?

BONACIEUX.

Pour vous confier un secret.

D'ARTAGNAN.

Un secret! parlez, monsieur, parlez.

BONACIEUX.

Il s'agit de ma femme.

D'ARTAGNAN.

Monsieur a une femme?

BONACIEUX.

Qui est lingère chez la reine, oui monsieur, et qui même ne manque ni de jeunesse, ni de beauté. On me l'a fait épouser voilà bientôt trois ans, quoiqu'elle n'ait qu'un petit avoir, parce que M. de La Porte, le porte-manteau de la reine, est son parrain et la protège.

D'ARTAGNAN.

Eh bien! monsieur?

BONACIEUX.

Eh bien! ma femme a été enlevée hier comme elle sortait de sa chambre de travail.

D'ARTAGNAN.

Ah! votre femme a été enlevée! et par qui?

BONACIEUX.

Je ne pourrais le dire sûrement, monsieur, mais, en tout cas, je suis convaincu qu'il y a dans cet enlèvement moins d'amour que de politique.

D'ARTAGNAN.

Moins d'amour que de politique... mais que soupçonnez-vous?

BONACIEUX.

Je ne sais pas si je dois vous dire ce que je soupçonne.

D'ARTAGNAN.

Monsieur, je vous ferai observer que je ne vous demande absolument rien, moi; c'est vous qui êtes venu, c'est vous qui m'avez dit que vous aviez un secret à me confier; faites donc à votre guise. (*Se levant.*) Il est temps encore de vous retirer.

BONACIEUX.

Non, monsieur, j'aurai confiance en vous. Je crois donc que ce n'est pas à cause de ses amours que ma femme a été arrêtée.

D'ARTAGNAN.

Tant mieux pour vous.

BONACIEUX.

Mais à cause d'une plus grande dame qu'elle.

D'ARTAGNAN.

Ah bah! serait-ce à cause des amours de mademoiselle de Combalet?

BONACIEUX.

Plus haut, monsieur, plus haut.

D'ARTAGNAN.

De madame de Chevreuse?

BONACIEUX.

Plus haut, monsieur, beaucoup plus haut.

D'ARTAGNAN.

De la...

BONACIEUX.

Oui, monsieur.

D'ARTAGNAN.

Et avec qui?

BONACIEUX.

Avec qui, si ce n'est avec le duc de...

D'ARTAGNAN.

Avec le duc de...

BONACIEUX.

Justement.

D'ARTAGNAN.

Mais comment savez-vous cela, vous?

BONACIEUX.

Ah! comment je le sais, voilà...

D'ARTAGNAN.

Pas de demi-confidence. ~~(Se levant.)~~ Ou vous comprenez...

BONACIEUX.

Je le sais par ma femme, monsieur, par ma femme elle-même.

D'ARTAGNAN.

Comment cela?

BONACIEUX.

Ma femme est venue, il y a quatre jours; elle m'a confié que la reine, en ce moment-ci, avait de grandes craintes, attendu que la reine croit...

D'ARTAGNAN.

Qu'elle croit...

BONACIEUX.

Qu'elle croit que l'on a écrit à M. de Buckingham en son nom.

D'ARTAGNAN.

Bah!

BONACIEUX.

Oui, pour le faire venir à Paris, et une fois venu à Paris, pour l'attirer dans quelque piége.

D'ARTAGNAN.

Mais, votre femme, qu'a-t-elle à faire dans tout cela?

BONACIEUX.

On connaît son dévouement pour la reine et l'on veut l'éloigner de sa maîtresse, ou avoir les secrets de Sa Majesté, ou la séduire pour se servir d'elle comme d'un espion.

D'ARTAGNAN.

C'est probable; mais l'homme qui l'a enlevée, le connaissez-vous?

BONACIEUX.

Je ne sais pas son nom; mais ma femme me l'a montré un jour; c'est un seigneur de haute mine, dents blanches, une cicatrice à la tempe.

D'ARTAGNAN. *il se lève*

Mais, c'est mon homme!

BONACIEUX. *il se lève*

Votre homme?

D'ARTAGNAN.

Oui, probablement; et si c'est mon homme à moi, je ferai d'un coup deux vengeances; mais où rejoindre cet homme?

BONACIEUX.

Je n'en sais rien.

D'ARTAGNAN.

Vous n'avez aucun renseignement?

BONACIEUX.

Si fait, cette lettre?

D'ARTAGNAN.

Donnez. (*Il lit.*) « Ne cherchez pas votre femme, elle vous sera rendue quand on n'aura plus besoin d'elle; si vous faites une seule démarche pour la retrouver, vous êtes perdu. » Voilà qui est positif; mais, après tout, ce n'est qu'une menace.

BONACIEUX.

Oui, monsieur, mais cette menace m'épouvante; je ne suis pas homme d'épée du tout, et j'ai peur de la Bastille.

D'ARTAGNAN.

Hum! c'est que je ne me soucie pas de la Bastille, non plus, moi; s'il ne s'agissait que d'un coup d'épée, passe encore.

BONACIEUX.

Cependant, monsieur, j'avais bien compté sur vous en cette occasion.

D'ARTAGNAN

Vrai!

BONACIEUX.

Vous voyant sans cesse entouré de mousquetaires, à l'air fort superbe, et reconnaissant que ces mousquetaires étaient ceux de M. de Tréville, et, par conséquent, ennemi du Cardinal, j'avais pensé que vous et vos amis, tout en rendant service à notre pauvre reine, seriez enchanté de jouer un mauvais tour à M. le Cardinal.

D'ARTAGNAN.

C'est bien tentant, je le sais.

BONACIEUX.

Et puis, j'avais pensé encore, comme depuis que vous êtes chez moi, distrait sans doute par vos grandes occupations, vous aviez oublié de me payer mon loyer

D'ARTAGNAN.

Ah! c'est là...

BONACIEUX.

Retard pour lequel je ne vous ai pas tourmenté un seul instant... j'avais pensé, dis-je, que vous auriez égard à ma délicatesse.

D'ARTAGNAN.

Comment donc! mon cher monsieur, croyez que je suis plein de reconnaissance pour un pareil procédé.

BONACIEUX.

Comptant de plus... tant que vous me ferez l'honneur de demeurer mon locataire, ne jamais vous parler de votre loyer à venir.

D'Artagnan fait un geste.

BONACIEUX.

Et ajoutez à cela, comptant encore si contre toute probabilité, vous étiez gêné en ce moment, vous offrir une cinquantaine de pistoles.

D'ARTAGNAN.

Oh! jamais, monsieur, je ne puis accepter.. (*Bonacieux lui fourre l'argent dans sa poche.*) mais pour me faire une pareille offre, vous êtes donc riche?

BONACIEUX.

Sans être riche, je suis à mon aise; j'ai amassé quelque chose, comme deux à trois mille écus de rente.

D'ARTAGNAN.

Cher monsieur Bonacieux, je suis tout à votre service.

BONACIEUX.

Je crois que l'on frappe chez vous, monsieur le chevalier.

D'ARTAGNAN.

Ah! pardieu! vous tombez à merveille! mes amis viennent me demander à déjeuner, votre affaire sera délibérée au conseil.

BONACIEUX.

Mon cher monsieur Planchet, entretenez votre maître dans ses bonnes dispositions à mon égard, et nous nous reverrons monsieur Planchet; je ne vous dis que cela. Messieurs, votre humble serviteur.

Entre Porthos.

D'ARTAGNAN.

Mon cher Porthos, je vous présente la perle des propriétaires... Monsieur Porthos... un de mes meilleurs amis.

PORTHOS.

Il est bien mal mis votre propriétaire...

D'ARTAGNAN.

Pour un épicier, mercier, je ne trouve pas.

BONACIEUX.

Monsieur, je n'ai pas besoin de vous dire que ma maison toute entière est à votre service. (*Il sort*).

PORTHOS.

Mousqueton, prenez mon manteau?

D'ARTAGNAN, *qui a accompagné Bonacieux, revenant.*

Ah! ah! vous n'êtes donc plus enrhumé, Porthos?

PORTHOS.

Où étiez-vous donc hier au soir, que l'on vous a cherché partout; ici, au cabaret et chez M. de Tréville, sans vous trouver?

ARAMIS *entrant, et ayant entendu la question de Porthos.*

Porthos, mon ami, vous êtes d'une indiscrétion incroyable; où il était? à ses affaires, sans doute; quand vous prenez le chemin de la rue aux Ours, vous, aimeriez-vous que l'on demandât à Mousqueton où vous allez?

PORTHOS.

Rue aux Ours... quand je vais rue aux Ours...

ARAMIS.

Vous allez où vous voulez, et cela ne regarde personne, (*A Athos qui entre.*) n'est-ce pas, Athos?

ATHOS.

A moins qu'il n'ait découvert de ce côté là quelque cave bien garnie, auquel cas ce serait un crime de n'en point faire part à ses amis. Avons-nous du vin, Planchet?

PLANCHET.

Oui, monsieur, et digne de vous, je l'espère..

ATHOS.

Alors, tout va bien.

PORTHOS.

Vous aimez donc bien le vin, Athos?

ATHOS.

Ce n'est pas le vin que j'aime, c'est l'ivresse.

PORTHOS.

Je ne comprends pas... A table!

ATHOS.

Grimaud, je vous donne congé.

PORTHOS.

Allez, Mousqueton!

BONACIEUX.

Vous voyant sans cesse entouré de mousquetaires, à l'air fort superbe, et reconnaissant que ces mousquetaires étaient ceux de M. de Tréville, et, par conséquent, ennemi du Cardinal, j'avais pensé que vous et vos amis, tout en rendant service à notre pauvre reine, seriez enchanté de jouer un mauvais tour à M. le Cardinal.

D'ARTAGNAN.

C'est bien tentant, je le sais.

BONACIEUX.

Et puis, j'avais pensé encore, comme depuis que vous êtes chez moi, distrait sans doute par vos grandes occupations, vous aviez oublié de me payer mon loyer

D'ARTAGNAN.

Ah! c'est là...

BONACIEUX.

Retard pour lequel je ne vous ai pas tourmenté un seul instant... j'avais pensé, dis-je, que vous auriez égard à ma délicatesse.

D'ARTAGNAN.

Comment donc! mon cher monsieur, croyez que je suis plein de reconnaissance pour un pareil procédé.

BONACIEUX.

Comptant de plus... tant que vous me ferez l'honneur de demeurer mon locataire, ne jamais vous parler de votre loyer à venir.

D'Artagnan fait un geste.

BONACIEUX.

Et ajoutez à cela, comptant encore si contre toute probabilité, vous étiez gêné en ce moment, vous offrir une cinquantaine de pistoles.

D'ARTAGNAN.

Oh! jamais, monsieur, je ne puis accepter.. (*Bonacieux lui fourre l'argent dans sa poche.*) mais pour me faire une pareille offre, vous êtes donc riche?

BONACIEUX.

Sans être riche, je suis à mon aise; j'ai amassé quelqne chose, comme deux à trois mille écus de rente.

D'ARTAGNAN.

Cher monsieur Bonacieux, je suis tout à votre service.

BONACIEUX.

Je crois que l'on frappe chez vous, monsieur le chevalier.

D'ARTAGNAN.

Ah! pardieu! vous tombez à merveille! mes amis viennent me demander à déjeuner, votre affaire sera délibérée au conseil.

BONACIEUX.

Mon cher monsieur Planchet, entretenez votre maître dans ses bonnes dispositions à mon égard, et nous nous reverrons monsieur Planchet; je ne vous dis que cela... Messieurs, votre humble serviteur. Entre Porthos.

D'ARTAGNAN.

Mon cher Porthos, je vous présente la perle des propriétaires... Monsieur Porthos... un de mes meilleurs amis.

PORTHOS.

Il est bien mal mis votre propriétaire...

D'ARTAGNAN.

Pour un épicier, mercier, je ne trouve pas.

BONACIEUX.

Monsieur, je n'ai pas besoin de vous dire que ma maison toute entière est à votre service. (*Il sort*).

PORTHOS.

Mousqueton, prenez mon manteau?

D'ARTAGNAN, *qui a accompagné Bonacieux, revenant.*

Ah! ah! vous n'êtes donc plus enrhumé, Porthos?

PORTHOS.

Où étiez-vous donc hier au soir, que l'on vous a cherché partout; ici, au cabaret et chez M. de Tréville, sans vous trouver?

ARAMIS *entrant, et ayant entendu la question de Porthos.*

Porthos, mon ami, vous êtes d'une indiscrétion incroyable; où il était? à ses affaires, sans doute; quand vous prenez le chemin de la rue aux Ours, vous, aimeriez-vous que l'on demandât à Mousqueton où vous allez?

PORTHOS.

Rue aux Ours... quand je vais rue aux Ours...

ARAMIS.

Vous allez où vous voulez, et cela ne regarde personne, (*A Athos qui entre.*) n'est-ce pas, Athos?

ATHOS.

A moins qu'il n'ait découvert de ce côté là quelque cave bien garnie, auquel cas ce serait un crime de n'en point faire part à ses amis. Avons-nous du vin, Planchet?

PLANCHET.

Oui, monsieur, et digne de vous, je l'espère..

ATHOS.

Alors, tout va bien.

PORTHOS.

Vous aimez donc bien le vin, Athos?

ATHOS.

Ce n'est pas le viu que j'aime, c'est l'ivresse.

PORTHOS.

Je ne comprends pas... A table!

ATHOS.

Grmaud, je vous donne congé.

PORTHOS.

Allez, Mousqueton!

ARAMIS.

Partez, Bazin!

D'ARTAGNAN.

Maintenant, causons.

ATHOS.

C'est buvons, que vous voulez dire?

D'ARTAGNAN.

Planchet, descendez chez mon propriétaire, M. Bonacieux, et priez-le de nous envoyer cinq ou six bouteilles de vins étrangers et particulièrement du vin d'Espagne.

PORTHOS.

Ah ça ! vous avez donc crédit ouvert chez votre propriétaire.

D'ARTAGNAN.

Oui, à compter d'aujourd'hui, et soyez tranquilles, si le vin est mauvais nous en enverrons quérir d'autres.

ARAMIS.

Il faut user et non abuser, d'Artagnan.

ATHOS.

J'ai toujours dit, moi, que d'Artagnan était la forte tête de nous quatre.

PORTHOS.

Mais enfin, qu'y a-t-il?

D'ARTAGNAN.

Il y a que M. de Buckingham est arrivé à Paris, sur une fausse lettre de la reine ; que M. le Cardinal est en train de faire un mauvais parti à Sa Majesté, et que la femme de notre propriétaire, filleule de M. La Porte, et confidente de la reine, a été enlevée.

ATHOS.

Eh bien!

D'ARTAGNAN.

Eh bien ! M. Bonacieux voudrait retrouver sa femme.

ATHOS.

L'imbécile!

ARAMIS.

Moi, il me semble que l'affaire n'est pas mauvaise et que l'on pourrait tirer de ce brave homme une centaine de pistoles.

PORTHOS.

Une centaine de pistoles! corbœuf! c'est un joli denier!

ATHOS.

Oui ; maintenant, il s'agit de savoir si une centaine de pistoles valent la peine de risquer quatre têtes.

D'ARTAGNAN.

Chut!

PORTHOS.

Quoi?

ARAMIS.

Silence!

(La voix de M. Bonacieux dans l'escalier). — Messieurs! messieurs!

D'ARTAGNAN.

Eh! c'est mon digne propriétaire.

SCÈNE VI.

LES MÊMES, BONACIEUX.

BONACIEUX, *ouvrant la porte.*

Messieurs! à moi! à l'aide! au secours!

Tous se lèvent, excepté Athos.

PORTHOS.

Qu'y a-t-il?

BONACIEUX.

Il y a, messieurs, qu'on veut m'arrêter, quatre hommes, là en bas; sauvez-moi! sauvez-moi!

PORTHOS.

Corbœuf! arrêter un propriétaire qui a de si bon vin.

D'ARTAGNAN.

Un moment, messieurs, ce n'est point du courage qu'il nous faut ici... c'est de la prudence.

PORTHOS.

Cependant, nous ne laisserons pas arrêter ce brave homme.

ATHOS.

Vous laisserez faire d'Artagnan, Porthos.

D'ARTAGNAN, *faisant entrer les gardes qui venaient pour arrêter Bonacieux.*

Entrez, messieurs, entrez; vous êtes ici chez moi, c'est-à-dire chez un fidèle serviteur du roi et de M. le Cardinal.

L'EXEMPT.

Alors, monsieur, vous ne vous opposerez pas à ce que nous exécutions l'ordre que nous avons reçu.

D'ARTAGNAN.

Tout au contraire, messieurs, et nous vous prêterons main-forte si besoin est.

PORTHOS.

Mais, que dit-il donc là?

ATHOS.

Tu es un niais, Porthos, tais-toi.

BONACIEUX.

Mais vous m'aviez cependant promis...

D'ARTAGNAN.

Silence! nous ne pouvons vous sauver qu'en restant libres, et si nous faisons mine de vous défendre, on nous arrête avec vous.

BONACIEUX.

Mais il me semble cependant qu'après...

D'ARTAGNAN.

Messieurs, je n'ai aucun motif de défendre l'homme que vous réclamez; je l'ai vu aujourd'hui pour la première fois, et encore à quelle occasion... il vous le dira lui-même; il est venu toucher le prix de mon loyer... est-ce vrai, monsieur Bonacieux? répondez? (*bas*) répondez donc?

BONACIEUX.

Oui, messieurs... c'est la vérité pure... mais monsieur ne vous dit pas...

D'ARTAGNAN, *bas.*

Silence! silence sur moi et sur mes amis! silence sur la reine surtout! ou vous perdez tout le monde sans vous sauver. (*Haut*). Hein! qu'est-ce que vous dites... parlez donc haut... vous m'offrez de l'argent... vous voulez me corrompre... moi, vous défendre!.. moi, m'opposer à l'exécution des ordres de Son Eminence; vous êtes encore un étrange maraud, tentative de corruption sur des gardes de Sa

cinq ou six bouteilles de vins étrangers et particulièrement du vin d'Espagne.

PORTHOS.

Ah ça ! vous avez donc crédit ouvert chez votre propriétaire.

D'ARTAGNAN.

Oui, à compter d'aujourd'hui, et soyez tranquilles, si le vin est mauvais nous en enverrons quérir d'autres.

ARAMIS.

Il faut user et non abuser, d'Artagnan.

ATHOS.

J'ai toujours dit, moi, que d'Artagnan était la forte tête de nous quatre.

PORTHOS.

Mais enfin, qu'y a-t-il ?

D'ARTAGNAN.

Il y a que M. de Buckingham est arrivé à Paris, sur une fausse lettre de la reine ; que M. le Cardinal est en train de faire un mauvais parti à Sa Majesté, et que la femme de notre propriétaire, filleule de M. La Porte, et confidente de la reine, a été enlevée.

ATHOS.

Eh bien !

D'ARTAGNAN.

Eh bien ! M. Bonacieux voudrait retrouver sa femme.

ATHOS.

L'imbécile !

ARAMIS.

Moi, il me semble que l'affaire n'est pas mauvaise et que l'on pourrait tirer de ce brave homme une centaine de pistoles.

PORTHOS.

Une centaine de pistoles ! corbœuf ! c'est un joli denier !

ATHOS.

Oui ; maintenant, il s'agit de savoir si une centaine de pistoles valent la peine de risquer quatre têtes. Cris – on frappe très fort au dehors.

D'ARTAGNAN.

Chut !

PORTHOS.

Quoi ?

ARAMIS.

Silence !

(La voix de M. Bonacieux dans l'escalier). — Messieurs ! messieurs !

D'ARTAGNAN. ×

Eh ! c'est mon digne propriétaire.

SCÈNE VI.

LES MÊMES, BONACIEUX.

BONACIEUX, *ouvrant la porte.*

Messieurs ! à moi ! à l'aide ! au secours !

Tous se lèvent, excepté Athos.

PORTHOS.

Qu'y a-t-il ?

BONACIEUX.

Il y a, messieurs, qu'on veut m'arrêter, quatre hommes, là en bas ; sauvez-moi ! sauvez-moi !

PORTHOS.

Corbœuf ! arrêter un propriétaire qui a de si bon vin.

D'ARTAGNAN.

Un moment, messieurs, ce n'est point du courage qu'il nous faut ici... c'est de la prudence.

PORTHOS.

Cependant, nous ne laisserons pas arrêter ce brave homme.

ATHOS.

Vous laisserez faire d'Artagnan, Porthos.

D'ARTAGNAN, *faisant entrer les gardes qui venaient pour arrêter Bonacieux.*

Entrez, messieurs, entrez ; vous êtes ici chez moi, c'est-à-dire chez un fidèle serviteur du roi et de M. le Cardinal.

L'EXEMPT. Seul entre.

Alors, monsieur, vous ne vous opposerez pas à ce que nous exécutions l'ordre que nous avons reçu.

D'ARTAGNAN.

Tout au contraire, messieurs, et nous vous prêterons main-forte si besoin est.

PORTHOS.

Mais, que dit-il donc là ?

ATHOS.

Tu es un niais, Porthos, tais-toi.

BONACIEUX.

Mais vous m'aviez cependant promis...

D'ARTAGNAN.

Silence ! nous ne pouvons vous sauver qu'en restant libres, et si nous faisons mine de vous défendre, on nous arrête avec vous.

BONACIEUX. se rapprochant

Mais il me semble cependant qu'après...

D'ARTAGNAN.

Messieurs, je n'ai aucun motif de défendre l'homme que vous réclamez ; je l'ai vu aujourd'hui pour la première fois, et encore à quelle occasion... il vous le dira lui-même ; il est venu toucher le prix de mon loyer... est-ce vrai, monsieur Bonacieux ? répondez ? (*bas*) répondez donc ?

BONACIEUX.

Oui, messieurs... c'est la vérité pure... mais monsieur ne vous dit pas...

D'ARTAGNAN, *bas.*

Silence ! silence sur moi et sur mes amis ! silence sur la reine surtout ! ou vous perdez tout le monde sans vous sauver. (*Haut*). Hein ! qu'est-ce que vous dites... parlez donc haut... vous m'offrez de l'argent... vous voulez me corrompre... moi, vous défendre !.. moi, m'opposer à l'exécution des ordres de Son Eminence ; vous êtes encore un étrange maraud, tentative de corruption sur des gardes de Sa

× il se lève va au devant de Bonacieux celui traverse la scène et vient tomber sur la chaise de D'artagnan.
Porthos et aramis se lèvent, athos reste assis

Majesté ! oh ! emmenez-le, messieurs, emmenez-le ! car, en vérité, cet homme a perdu la cervelle.

L'EXEMPT.

Allons ! allons ! l'ami, venez avec nous et pas de résistance.

D'ARTAGNAN.

Monsieur l'exempt, ne boirai-je pas à votre santé et vous à la mienne ?

Il remplit deux verres.

L'EXEMPT.

Ce sera bien de l'honneur pour moi, monsieur le garde.

D'ARTAGNAN.

Donc, à la vôtre, monsieur !

L'EXEMPT.

A la vôtre et à celle de vos amis !

D'ARTAGNAN.

Et par dessus tout... à celle du Roi et du Cardinal.

BONACIEUX.

Et quand on pense que c'est avec mon vin !

L'EXEMPT.

Allons, en route ! (*se retournant*) Messieurs, votre très humble serviteur.

Ils sortent, emmenant Bonacieux.

SCÈNE VII.

D'ARTAGNAN, ATHOS, PORTHOS, ARAMIS.

PORTHOS.

Mais, quelle diable de vilenie avez-vous donc fait là, d'Artagnan ? Fi ! quatre mousquetaires laisser arrêter au milieu d'eux un malheureux qui crie : à l'aide ! un gentilhomme trinquer avec un recors ! je m'y perds ! ma parole d'honneur ! comment, vous approuvez ce qu'il vient de faire ?

ATHOS.

Je le crois parbleu bien ! non seulement je t'approuve, d'Artagnan, mais je te félicite.

D'ARTAGNAN.

Et maintenant, messieurs, que nous voilà lancés dans une aventure qui peut faire notre perte ou notre fortune... plus que jamais, jurons fidélité à notre devise, tous pour un, un pour tous.

PORTHOS.

Cependant je voudrais bien comprendre.

ATHOS.

C'est inutile.

ARAMIS.

Voyons, étendez la main, et jurez, Porthos.

D'ARTAGNAN.

Tous pour un !

TOUS ENSEMBLE.

Un pour tous !

D'ARTAGNAN.

Maintenant, messieurs, vous le savez, liberté entière.

PORTHOS.

J'ai rendez-vous chez une certaine grande dame... Planchet, accommodez-moi mon collet... mon manteau.

ARAMIS.

Moi, j'ai affaire chez un célèbre théologien.

PORTHOS.

Et vous, Athos ?

ATHOS.

Moi, comme je ne m'occupe ni d'amour ni de théologie... je reste.

ARAMIS *et* PORTHOS *à d'Artagnan et Athos.*

Eh bien ! au revoir !

D'ARTAGNAN *et* ATHOS.

Au revoir !

SCÈNE VIII.

D'ARTAGNAN, ATHOS.

D'ARTAGNAN.

Bravo ! restez Athos ; d'ailleurs il y a encore du vin dans les bouteilles et ce serait de l'ingratitude que de vous en aller.

ATHOS.

Allons, d'Artagnan ! mettez-vous bien là en face de moi... à moins que, comme Aramis, vous n'ayez quelque thèse à soutenir, ou comme Porthos, quelque grande dame à promener.

D'ARTAGNAN, *tristement.*

Ah ! mon cher Athos !

ATHOS.

Un soupir ! buvez d'Artagnan et prenez garde à ces soupirs-là.

D'ARTAGNAN.

Pourquoi ?

ATHOS.

D'Artagnan, prends garde ! (*Il boit*).

D'ARTAGNAN.

Vous dites ?

ATHOS.

Je dis que tu es amoureux.

D'ARTAGNAN.

Imaginez-vous, Athos, une femme.

ATHOS.

Un ange, n'est-ce pas ?

D'ARTAGNAN.

Non, un démon.

ATHOS.

C'est moins à craindre.

D'ARTAGNAN.

Oh ! mais c'est inutile.

ATHOS.

Qu'est-ce qui est inutile ?

D'ARTAGNAN.

Je voulais vous demander conseil.

ATHOS.

Eh bien !

D'ARTAGNAN.

Ce sera pour plus tard.

ATHOS.

Parce que tu crois que je suis ivre, d'Artagnan ; retiens bien ceci, je n'ai jamais les idées plus nettes que dans le vin ; parle donc, je suis tout oreilles.

D'ARTAGNAN.

Non, ce n'est point parce que vous êtes ivre, mon cher Athos, c'est que n'ayant jamais aimé...

ATHOS.

Ah ça ! c'est vrai, je n'ai jamais aimé. (*Il boit*).

D'ARTAGNAN.

Vous voyez bien, cœur de pierre !

ATHOS.

Cœurs tendres, cœurs percés !

D'ARTAGNAN.

Que dites-vous ?

ATHOS.

Je dis que l'amour est une loterie, où celui qui gagne, gagne la mort... avez-vous gagné ou perdu, d'Artagnan ?

D'ARTAGNAN.

Je crois que j'ai perdu.

ATHOS.

Alors vous êtes bien heureux ; croyez-moi, d'Artagnan, perdez toujours.

D'ARTAGNAN.

Un instant j'avais cru qu'elle pouvait m'aimer.

ATHOS.

Et elle en aime un autre, n'est-ce pas ? retiens bien ceci : il n'y a pas un homme qui ne se soit cru aimé par sa maîtresse et qui n'ait été trompé par sa maîtresse.

D'ARTAGNAN.

Oh ! elle n'était pas ma maîtresse.

ATHOS.

Elle n'était pas ta maîtresse et tu te plains, elle n'était pas ta femme et tu te plains ? Buvons.

D'ARTAGNAN.

Mais alors, philosophe que vous êtes, instruisez-moi, soutenez-moi, j'ai besoin de savoir et d'être consolé.

ATHOS.

Consolé de quoi ?

D'ARTAGNAN.

De mon malheur, pardieu ! j'aime et l'on ne m'aime pas.

ATHOS.

Votre malheur fait rire, d'Artagnan, et je serais curieux de savoir ce que vous diriez, si je vous racontais une histoire d'amour. (*Il boit*).

D'ARTAGNAN.

Arrivée à vous ?

ATHOS.

Ou à un de mes amis, qu'importe !

D'ARTAGNAN.

Dites, Athos, dites.

ATHOS.

Buvons, nous ferons mieux.

D'ARTAGNAN.

Buvez et racontez.

ATHOS.

Au fait cela se peut, les deux choses vont à merveille ensemble... Un de mes amis... un de mes amis, entendez-vous bien, pas moi, mais un comte de ma province, c'est-à-dire un comte du Berry, noble comme un Rohan ou un Montmorency, devint amoureux à 25 ans, d'une jolie fille de 16 ans, belle comme les amours, elle ne plaisait pas, elle ennivrait.

D'ARTAGNAN.

C'est comme elle.

ATHOS.

Ah ! voilà que vous m'interrompez.

D'ARTAGNAN.

Non, non, continuez Athos ?

ATHOS.

Elle vivait dans une maison isolée, entre le village et le château, avec son frère qui était curé ; tous deux étaient étrangers, ils venaient on ne sait d'où ; mais en la voyant si belle, en voyant son frère si pieux, on ne songeait pas à leur demander d'où ils venaient ; au reste, on les disait de bonne naissance ; un jour le frère disparut, ou fit semblant de disparaître. Mon ami, qui était le seigneur du pays, aurait pu la séduire ou la prendre de force... Qui serait venu à l'aide d'une jeune fille ignorée, inconnue ? Malheureusement il était honnête homme, il l'épousa le niais, le sot, l'imbécile.

D'ARTAGNAN.

Puisqu'il l'aimait... Il me semble...

ATHOS.

Attends donc !... A la mort de son père, qui arriva six mois après, il l'emmena dans son château, et en fit la première dame de sa province ; il faut lui rendre cette justice, elle tenait parfaitement son rang... Buvons !

DARTAGNAN.

Eh bien !

ATHOS.

Eh bien ! un jour qu'elle courait la chasse avec son mari, elle tomba de cheval et s'évanouit, le comte s'élança à son secours, et comme elle étouffait dans ses habits, il les fendit avec son poignard et lui découvrit l'épaule. (*Eclatant de rire*). Devines ce qu'elle avait sur l'épaule, d'Artagnan ?

D'ARTAGNAN.

Dam ! puis-je savoir.

ATHOS.

Une fleur de lys !... L'ange était un démon, la pauvre fille avait volé les vases sacrés dans une église.

D'ARTAGNAN.

Horreur ! Et que fit votre ami ?

ATHOS.

Le comte était un grand seigneur, il avait

sur ses terres droit de justice basse et haute, il acheva de déchirer les habits de la comtesse, il lui lia les mains derrière le dos et la pendit à un arbre.

D'ARTAGNAN.

Ciel ! un meurtre, Athos.

ATHOS.

Pas d'avantage ; mais nous manquons de vin, ce me semble ?

D'ARTAGNAN.

Non, voilà encore une bouteille pleine.

ATHOS, *buvant*.

Bien ! Cela m'a guéri des femmes, belles, poétiques et amoureuses... Dieu vous en accorde autant !

D'ARTAGNAN.

C'était donc vous ?

ATHOS.

Ai-je dit que c'était moi ?... Alors au diable le secret !

D'ARTAGNAN.

Et elle est morte ?

ATHOS.

Parbleu !

D'ARTAGNAN.

Et son frère ?

ATHOS.

Son frère, je m'en informai pour le faire pendre à son tour, mais on ne put jamais le retrouver, c'était sans doute le premier amant et le complice de la belle ; un digne homme ! qui avait fait semblant d'être curé... pour marier sa maîtresse et lui faire un sort... Il aura été écartelé, je l'espère.

D'ARTAGNAN, *tombant sur la table*.

Oh ! mon Dieu ! mon Dieu !

ATHOS, *regardant d'Artagnan*.

Du vin, Planchet ?... Ah ! les hommes ne savent plus boire, et cependant celui-ci est un des meilleurs.

Planchet entre avec deux bouteilles de vin, la toile tombe.

sur ses terres droit de justice basse et haute, il acheva de déchirer les habits de la comtesse, il lui lia les mains derrière le dos et la pendit à un arbre.

D'ARTAGNAN.

Ciel! un meurtre, Athos.

ATHOS.

Pas d'avantage; mais nous manquons de vin, ce me semble?

D'ARTAGNAN.

Non, voilà encore une bouteille pleine.

ATHOS, *buvant.*

Bien! Cela m'a guéri des femmes, belles, poétiques et amoureuses... Dieu vous en accorde autant!

D'ARTAGNAN.

C'était donc vous?

ATHOS.

Ai-je dit que c'était moi?... Alors au diable le secret!

D'ARTAGNAN.

Et elle est morte?

ATHOS.

Parbleu!

D'ARTAGNAN.

Et son frère?

ATHOS.

Son frère, je m'en informai pour le faire pendre à son tour, mais on ne put jamais le retrouver, c'était sans doute le premier amant et le complice de la belle; un digne homme! qui avait fait semblant d'être curé... pour marier sa maîtresse et lui faire un sort... Il aura été écartelé, je l'espère.

D'ARTAGNAN, *tombant sur la table.*

Oh! mon Dieu! mon Dieu!

ATHOS, *regardant d'Artagnan.*

Du vin, Planchet?... Ah! les hommes ne savent plus boire, et cependant celui-ci est un des meilleurs.

Planchet entre avec deux bouteilles de vin, la toile tombe.

Rideau

SIXIÈME TABLEAU.

L'Intérieur du magasin de M. Bonacieux.

Quatre hommes noirs et un Exempt verbalisent, tout est sans dessus dessous dans la maison.

SCÈNE PREMIÈRE. ×

L'EXEMPT, QUATRE HOMMES NOIRS.

L'EXEMPT, *lisant.*

« Et perquision faite dans toute la maison, déclarons que nous n'avons trouvé aucun papier autre que ceux réunis dans la liasse C. En foi de quoi, avons signé.

Il signe.

UN DES HOMMES NOIRS.

Est-ce tout?

L'EXEMPT.

Relativement aux écritures... oui... maintenant il s'agit de procéder au véritable objet de notre mission.

UN DES HOMMES *se levant devant la table.*

Quel est-il?

L'EXEMPT.

Le voici... Comme le susdit Bonacieux peut et doit avoir des complices... qu'il est neuf heures de relevée... qu'il fait nuit close et que c'est surtout pendant la nuit que les complices se réunissent, l'objet de notre mission est de demeurer en permanence dans la maison du susdit Bonacieux, d'y laisser entrer tous ceux qui viendront frapper à la porte, et de n'en laisser sortir personne, qu'après interrogation et confrontation.

UN DES HOMMES NOIRS.

Les femmes en sont-elles?

L'EXEMPT.

Les femmes, surtout... Attendu que le grand coupable, dans tout ceci, n'est point le mari, mais la femme.

UN DES HOMMES NOIRS, de gauche

Il me semble que l'on frappe à la porte.

L'EXEMPT.

Eteignons tout... et chacun à son poste.

Ils éteignent la lampe. Obscurité complète.

nuit.

×× SCÈNE II.

LES MÊMES. Mme BONACIEUX.

Mme BONACIEUX, *après avoir frappé au dehors, pousse doucement la porte.* ○

Tiens, c'est singulier, la porte ouverte, et personne dans la maison.

L'EXEMPT.

Psitt...

Un des hommes se glisse derrière madame Bonacieux et va fermer la porte.

Mme BONACIEUX.

Hein!... Je croyais avoir entendu!... M. Bonacieux! M. Bonacieux! (*Elle se retourne,*

fond de place publique

mur — Porte vitrée entrée — mur

marchandises — rideau de caisses et ballots — trappe

fond vitré

Lattes de manches à balais

Porte — Porte

fenêtre — cheminée — feu

× près de la table n° 1 le greffier près de la cheminée n° 2.
une lampe sur la table – papiers et encrier au greffier
un homme noir dans le corridor à gauche
un autre près de la porte de droite

×× Ils se blottissent dans les coins.

○ mad. Bonnacieux près la porte de gauche dit "Tiens, c'est singulier"
puis descend – le 1er homme noir reçoit l'ordre de l'exempt
(qui lui fait Psitt) d'aller fermer la porte de la rue puis
il redescend et tient n° 1 près la porte du couloir à gauche

l'*Exempt se cache dans l'angle.*) Il sera sorti, allumons quelque chose, heureusement il y a du feu. (*Elle allume une bougie à la cheminée et aperçoit l'Exempt*). Qui êtes-vous? Que me voulez-vous?

L'EXEMPT.

Silence!

Mme BONACIEUX.

Que faites-vous ici?... A l'aide! au secours!

L'EXEMPT.

A moi, mes amis! Je crois que nous tenons ce que tout le monde cherche.

Mme BONACIEUX.

Que me voulez-vous? je suis la maîtresse de la

partis, madame... Le diable m'emporte, elle est charmante!

Mme BONACIEUX.

Ah!

D'ARTAGNAN.

Tiens, cela l'a fait revenir.

Mme BONACIEUX.

Ah! monsieur, c'est vous qui m'avez sauvée! permettez que je vous remercie.

D'ARTAGNAN.

Madame, je n'ai fait que ce que tout autre gentilhomme eût fait à ma place, vous ne me devez donc aucun remercîment.

Mme BONACIEUX.

l'Exempt se cache dans l'angle.) Il sera sorti, allumons quelque chose, heureusement il y a du feu. *(Elle allume une bougie à la cheminée et aperçoit l'Exempt).* Qui êtes-vous? Que me voulez-vous? *elle pousse un cri.*

L'EXEMPT.

Silence!

Mme BONACIEUX. *elle passe 2*

Que faites-vous ici?... A l'aide! au secours!

L'EXEMPT.

A moi, mes amis! Je crois que nous tenons ce que tout le monde cherche.

Mme BONACIEUX.

Que me voulez-vous? je suis la maîtresse de la maison.

L'EXEMPT.

Justement.

Mme BONACIEUX.

Je suis madame Bonacieux.

L'EXEMPT.

A merveille.

Mme BONACIEUX.

Pardon! messieurs, à l'aide! au secours! Ah!

A ce moment la trappe du plafond se lève, on voit descendre d'Artagnan, dont on aperçoit d'abord les jambes, puis le corps, puis la tête.

D'ARTAGNAN.

Tenez ferme!... me voilà.

PLANCHET, *dans la chambre.*

Mais vous allez vous tuer.

D'ARTAGNAN.

Tais-toi, imbécile!

SCÈNE III.

LES MÊMES, D'ARTAGNAN, *sortant au milieu de la chambre.*

L'EXEMPT.

Qu'est-ce que c'est que cela?

D'ARTAGNAN.

Ce que c'est, je m'en vais vous le dire, c'est un gentilhomme qui ne laissera pas maltraiter une femme devant lui... Allons! Allons! lâchez cette femme.

L'EXEMPT

Monsieur, c'est au nom du roi.

D'ARTAGNAN.

Lâchez cette femme!

L'EXEMPT, *à ses hommes.*

Emmenez-là! emportez-là!

Il met l'épée à la main.

D'ARTAGNAN.

Ah! il y a des épées, tant mieux, je joue encore mieux de l'épée que du bâton... Messieurs les corbeaux, gare à vos plumes!... *(Combat, tumulte. Les cinq hommes finissent par prendre la fuite, les uns par les fenêtres, les autres par la porte; d'Artagnan ferme la porte derrière eux et revient à Mme Bonacieux.)* Allons! allons! madame, rassurez-vous... Mon Dieu! est-ce qu'elle est évanouie, ce ne sera rien... Ils sont partis, madame... Le diable m'emporte, elle est charmante!

Mme BONACIEUX. *elle laisse tomber son mouchoir*

Ah!

D'ARTAGNAN. *le ramassant*

Tiens, cela l'a fait revenir.

Mme BONACIEUX.

Ah! monsieur, c'est vous qui m'avez sauvée! permettez que je vous remercie.

D'ARTAGNAN.

Madame, je n'ai fait que ce que tout autre gentilhomme eût fait à ma place, vous ne me devez donc aucun remerciment.

Mme BONACIEUX.

Oh! pardonnez-moi, je tâcherai de vous prouver que je ne suis pas une ingrate... Mais dites-moi, que me voulaient donc ces hommes, que j'ai pris d'abord pour des voleurs, et pourquoi M. Bonacieux n'est-il point ici?

D'ARTAGNAN.

Ces hommes, c'étaient des agens du Cardinal. Quant à M. Bonacieux... il est à la Bastille.

Mme BONACIEUX. *elle se lève*

Mon mari à la Bastille!... Oh! mon Dieu! pauvre cher homme, l'innocence même! qu'a-t-il donc fait?

D'ARTAGNAN.

Son plus grand crime, madame, est, je crois, d'avoir tout à la fois le bonheur et le malheur d'être votre époux.

Mme BONACIEUX.

Mais, monsieur, vous savez donc?...

D'ARTAGNAN.

Je sais que vous avez été enlevée, madame.

Mme BONACIEUX.

Et de qui le savez-vous?

D'ARTAGNAN.

N'est-ce point par un homme de quarante à quarante-cinq ans, aux cheveux noirs, au teint basané, avec une cicatrice à la tempe gauche.

Mme BONACIEUX.

Chut! ne dites pas son nom.

D'ARTAGNAN.

Je n'ai garde de le dire; son nom, je ne le sais pas; le sauriez-vous, par hasard?

Mme BONACIEUX.

Silence!

D'ARTAGNAN.

Mais, enfin.

Mme BONACIEUX.

Silence! au nom du ciel. Mais, dites-moi, M. Bonacieux a-t-il deviné la cause de mon enlèvement?

D'ARTAGNAN.

Il l'attribue à un motif politique.

Mme BONACIEUX.

Ainsi, il ne m'a pas soupçonnée un seul instant.

D'ARTAGNAN.

Oh! loin de là, madame, il était trop fier

× elle se dirige près de la cheminée, en tâtonnant, elle pose la chandelle sur la table pour l'allumer elle a pris des allumettes dans un sabot accroché à l'âtre –

×× deux exempts la prennent chacun par un bras, le 3e guette près la porte de gauche.
1 homme.

1 h. Mme B. 1 h. L'Exempt

Elle se débat, et gagne la gauche pendant cette petite scène –

××× 1 h Mme B. 1 h.
L'Exempt – D'artagnan

en descendant – D'artagnan a pris un manche à balai, avec lequel il fait le moulinet.

4 – Il jette son bâton, tire son épée, l'exempt se sauve par le corridor à gauche. D'artagnan le poursuit jusqu'à la 1re porte – les deux hommes voyant l'exempt se sauver quittent Mad. B. elle tombe sur la chaise à gauche. D'artagnan étant près de la porte se retourne et frappe à coups de plat d'épée sur les 2 hommes – l'un se sauve par le C. à g. D'artag. le poursuit jusqu'à la porte de la rue, l'autre avait pris par le corridor à droite et arriva au fond en même temps que D'artagnan, si bien qu'à travers les vitres du fond on voit D'artag. qui a l'air de dire : (Tu vas payer pour les autres) l'homme a l'air de demander grâce – D'art. le pousse dehors le poursuit, puis il rentre après avoir poussé la porte du fond et revient par la droite – pend. cette poursuite le 4e homme s'est sauvé par la fenêtre.

Mad. B. assise D'artagnan

de votre sagesse, et surtout de votre amour. Mais comment vous êtes-vous enfuie... vous, prisonnière ?...

Mme BONACIEUX.

J'ai profité d'un moment où l'on m'a laissée seule, et je suis descendue par la fenêtre à l'aide de mes draps.

D'ARTAGNAN.

Mais vous risquiez votre existence?

Mme BONACIEUX.

J'aurais eu dix existences que je les eusse risquées.

D'ARTAGNAN.

Comment vous êtes-vous exposée à venir ici, une fois libre?

Mme BONACIEUX.

On ne s'apercevra selon toute probabilité de ma fuite, que demain...

D'ARTAGNAN.

Ah! c'est vrai.

Mme BONACIEUX.

Et il était important que je visse mon mari ce soir.

D'ARTAGNAN.

Pour vous mettre sous sa protection.

Mme BONACIEUX.

Oh! pauvre homme! vous avez dû voir qu'il était incapable de me défendre... non, mais il pouvait me servir à autre chose.

D'ARTAGNAN.

A quoi?

Mme BONACIEUX.

Oh! ceci n'est point mon secret, je ne puis donc pas vous le dire.

D'ARTAGNAN.

Mais, ce que devait faire votre mari?...

Mme BONACIEUX, *s'apprêtant à sortir.*

Je le ferai, moi.

D'ARTAGNAN.

Vous me quittez?

Mme BONACIEUX.

Il le faut.

D'ARTAGNAN.

Et vous allez ainsi, seule, par les rues, et les voleurs!

Mme BONACIEUX.

Je n'ai pas un denier sur moi.

D'ARTAGNAN.

Vous oubliez ce beau mouchoir brodé et armorié qui était tombé à vos pieds, et que j'ai remis dans votre poche.

Mme BONACIEUX.

Taisez-vous! taisez-vous, malheureux! voulez-vous me perdre?

D'ARTAGNAN.

Vous voyez bien qu'il y a encore du danger pour vous, puisqu'un seul mot vous fait trembler... tenez, chassez toute défiance, reposez-vous sur moi, lisez dans mes yeux tout ce qu'il y a de dévouement, dans mon cœur tout ce qu'il y a de sympathie.

Mme BONACIEUX.

Oh! je serais bien ingrate, si je doutais de vous, après le service que vous m'avez rendu, demandez-moi donc mes secrets, je vous les dirai... mais ceux des autres, jamais.

D'ARTAGNAN.

Eh bien! soit, libre à vous de chercher à me les cacher; mais, libre à moi de chercher à les découvrir.

Mme BONACIEUX.

Oh! par la reconnaissance que je vous dois, gardez-vous en bien, monsieur... ne vous mêlez en rien de ce qui me regarde, ne cherchez point à m'aider dans ce que j'accomplis, je vous le demande au nom de l'intérêt que je vous inspire, au nom du service que vous m'avez rendu, et que je n'oublierai de ma vie. Non, non, croyez à ce que je vous dis, ne vous occupez plus de moi, que je n'existe plus pour vous, que ce soit comme si vous ne m'aviez jamais vue.

D'ARTAGNAN.

Mais! il y a donc danger.

Mme BONACIEUX.

Oui, il y a danger de la prison, il y a danger de la vie à me connaître.

D'ARTAGNAN.

Alors, je ne vous quitte plus.

Mme BONACIEUX.

Monsieur, au nom du ciel, au nom de l'honneur d'un militaire, au nom de la courtoisie d'un gentilhomme, laissez-moi, voilà dix heures et demie qui sonnent... c'est l'heure où l'on m'attend, ou plutôt je suis déjà d'une demi-heure en retard.

D'ARTAGNAN.

Madame, je ne sais pas résister à qui me demande ainsi, soyez libre, je me retire.

Mme BONACIEUX.

Non, laissez-moi sortir, vous sortirez plus tard, vous... et votre parole...

D'ARTAGNAN.

Eh bien?

Mme BONACIEUX.

Que vous ne m'épierez pas, que vous ne me suivrez pas.

D'ARTAGNAN.

Foi de gentilhomme, madame.

Mme BONACIEUX.

Ah! je savais bien que vous étiez un brave cœur.

Elle lui tend la main.

D'ARTAGNAN, *lui baisant la main.*

Quand vous verrai-je?

Mme BONACIEUX.

Y tenez-vous beaucoup, à me revoir?

D'ARTAGNAN.

Oh! si j'y tiens!

Mme BONACIEUX.

Eh bien! rapportez-vous en à moi.

D'ARTAGNAN.

Je compte sur votre parole.

Mme BONACIEUX.

Comptez-y.

Elle sort.

SCÈNE IV.

D'ARTAGNAN, *seul.*

Eh bien! je déclare que celui qui verra clair dans tout ce qui m'arrive aura de bons yeux: Aramis, madame de Boistracy, la Reine, le duc de Buckingham, le Cardinal, madame Bonacieux. Comment diable tous ces gens-là se trouvent-ils mêlés ensemble? c'est qu'elle est charmante cette petite madame Bonacieux : un air princesse, un cœur! un cœur! un courage! un esprit!... et la femme de cet affreux mercier!... J'avais pensé qu'il fallait venir à Paris pour cela, et qu'il ne s'est jamais rien fait rien de pareil à Tarbes.

PLANCHET, *à travers le plafond.*

Monsieur!... monsieur!... êtes-vous encore là?

D'ARTAGNAN.

Oui.

PLANCHET.

Monsieur, on frappe à la porte.

D'ARTAGNAN.

Qui?

PLANCHET.

Je crois que c'est la garde.

D'ARTAGNAN.

Bah!

PLANCHET.

J'entends les crosses de mousquet. Faut-il ouvrir?

D'ARTAGNAN.

Sans doute, puisque je n'y suis point.

PLANCHET.

C'est bien, ne bougez pas.

D'ARTAGNAN.

La trappe se ferme.

Ah! jette-moi mon manteau et mon chapeau. Peste! il n'y a pas de danger que je bouge seulement, il me semble que pour surcroît de précaution, je devrais fermer la porte. (*Il s'approche de la porte du fond après avoir soufflé la bougie ; mais comme il s'approche la porte s'ouvre, et milady, exactement vêtue comme Madame Bonacieux, apparaît.*) Oh! oh! qu'est-ce que je vois?

SCÈNE V.

D'ARTAGNAN, MILADY.

MILADY.

N'est-ce donc point ici, et me serais-je trompée. Cependant, voilà bien la boutique, puis l'arrière-boutique, je suis bien chez M. Bonacieux, mercier-épicier, j'ai vu le nom au-dessus de la porte. (*Allant à la fenêtre*). Comte... comte.

Rochefort paraît.

ROCHEFORT.

Eh bien!

MILADY.

Eh bien! je croyais la maison occupée par nos gens et je ne vois personne.

(D'Artagnan dans la boutique se heurte contre un tonneau.)

MILADY *repoussant la fenêtre.*

Je me trompais, il y a quelqu'un.

D'ARTAGNAN.

Déjà de retour?

MILADY.

De retour, et d'où?

D'ARTAGNAN.

Ce n'est pas sa voix.

MILADY.

Qui êtes-vous?

D'ARTAGNAN.

Mais je vous ferai la même question, madame; seulement si vous refusez d'y répondre.

Il va à la cheminée et allume la bougie.

ROCHEFORT, *à la fenêtre.*

Vous avez besoin de moi?

MILADY.

Je ne sais, mais tenez-vous prêt à tout... Mon gascon... (*à Rochefort*) ne vous inquiétez de rien.

D'ARTAGNAN.

Milady!

MILADY.

Eh bien, on ne m'avait donc pas trompée?

D'ARTAGNAN.

On ne vous avait pas trompée, madame, et que vous avait-on dit?

MILADY.

On m'avait dit qu'un certain chevalier d'Artagnan, qui fait la cour à milady de Winter, était en même temps amoureux d'une petite mercière, nommée madame Bonacieux.

D'ARTAGNAN.

Amoureux, moi, milady, je l'ai vue ce soir pour la première fois.

MILADY.

Vous l'avez vue ce soir?

D'ARTAGNAN.

Oh! mordious! qu'est-ce que j'ai dit?

MILADY.

Je croyais cependant qu'elle était en lieu de sûreté.

D'ARTAGNAN, *à part.*

Elle savait son arrestation (*haut*) c'est-à-dire... non... madame, et je vais être franc... je la connais depuis longtemps, elle est de mon pays, et ce soir, voyant que depuis trois jours elle n'était pas rentrée, je suis descendu pour donner de ses nouvelles à M. Bonacieux, et ayant trouvé la maison vide, j'étais là, j'attendais, je trouvais singulier, enfin vous êtes venue et je suis heureux.

MILADY.

Vous avez trouvé la maison vide?

D'ARTAGNAN.

Dam. voyez!

MILADY.

Que veut dire, ceci?

D'ARTAGNAN.

Et comme je vous le disais, madame, je suis heureux, très heureux.

MILADY.

C'est bien, chevalier, je sais ce que je voulais savoir.

D'ARTAGNAN.

Et que vouliez-vous savoir?

MILADY.

Je voulais savoir quel fonds on pouvait faire sur les serments d'amour du chevalier d'Artagnan.

D'ARTAGNAN.

Madame, au nom du ciel!

MILADY.

J'espère que vous me ferez la grâce de croire que milady de Winter? se respecte trop pour entrer en lice avec madame Bonacieux; attendez son retour, chevalier. Ah! je n'ai pas besoin de vous dire qu'il serait inutile que vous vous présentassiez désormais à l'hôtel de la place Royale.

D'ARTAGNAN.

Madame! de grâce, écoutez-moi.

Il lui barre le passage.

MILADY.

Ah! j'espère, qu'entrée ici librement, j'en sortirai librement.

ROCHEFORT, *ouvrant la fenêtre.*

Milady! milady!

D'ARTAGNAN, *se retournant.*

Mon homme de Meung... ah! cette fois tu ne m'échapperas point, je l'espère. (*Il saute par la fenêtre... on entend sa voix qui s'éloigne*), ah! lâche! ah! misérable! ah! faux gentilhomme!

ROCHEFORT, *se relève et enjambe la fenêtre.*

Il vous a reconnue?

MILADY.

Oui, mais j'ai donné une raison à ma présence... et vous?

ROCHEFORT.

Il n'y a donc pas de crainte qu'il se doute du motif qui nous amène.

MILADY.

Pas le moindre, et vous?

ROCHEFORT.

N'avez-vous pas vu, il a sauté par dessus ma tête, et il est capable de courir droit devant lui jusqu'à la rivière; il est enragé.

MILADY.

Mais...

ROCHEFORT.

Mais... partons... il paraît que le coup est manqué, n'est-ce pas?

MILADY.

C'est encore ce damné gascon qui sera venu donner dans notre toile.

ROCHEFORT.

Soyez tranquille! il paiera tout ensemble; venez! venez!

Au moment où ils quittent l'arrière boutique, on voit passer les jambes de Planchet.

SCÈNE VI.

PLANCHET, D'ARTAGNAN.

PLANCHET, *tout en passant à travers le plafond.*

Monsieur d'Artagnan! monsieur d'Artagnan! eh bien! où êtes-vous, monsieur d'Artagnan? ah! mon Dieu! mon Dieu! pourvu qu'il n'aille pas se livrer lui-même.

D'ARTAGNAN, *rentrant.*

Tu ne l'as pas vu, Planchet?

PLANCHET.

Qui, monsieur?

D'ARTAGNAN.

Lui, ce démon incarné, qui m'apparaît sans cesse sans que je puisse jamais le rejoindre.

PLANCHET.

Ecoutez-moi, monsieur, la garde est venue... elle a trouvé M. Athos, qui était dans votre chambre, et elle l'a emmené.

D'ARTAGNAN.

Mordious, et il s'est laissé faire?

PLANCHET.

Elle l'a pris pour vous?

D'ARTAGNAN.

Et il ne s'est pas fait reconnaître?

PLANCHET.

Bien au contraire, j'allais parler, il a mis son doigt sur sa bouche, alors j'ai compris.

D'ARTAGNAN.

Oh! brave Athos! je te reconnais bien là!

La porte du fond s'ouvre.

SCÈNE VII.

LES MÊMES, MADAME BONACIEUX.

Mme BONACIEUX.

Chevalier! chevalier! êtes-vous encore ici?

D'ARTAGNAN.

Madame Bonacieux!

Mme BONACIEUX.

Oui...

D'ARTAGNAN.

Mon Dieu, qu'avez-vous? Planchet! Planchet!

Mme BONACIEUX.

Non, non, ne vous occupez pas de moi.

D'ARTAGNAN.

Qu'est-il arrivé?

Mme BONACIEUX.

J'ai perdu une demi-heure.

D'ARTAGNAN.

Eh bien!

MADAME BONACIEUX.

Je suis arrivée trop tard, une femme vêtue comme moi, avec un mouchoir pareil à celui-ci, s'était présentée à la maison de la rue de Vaugirard, et on lui avait donné l'adresse.

D'ARTAGNAN.

Une femme vêtue comme vous, elle sort d'ici.

Mme BONACIEUX.

Vous l'avez vue... vous lui avez parlé.

D'ARTAGNAN.

Oui...

Mme BONACIEUX.

Qu'est-elle devenue?

D'ARTAGNAN.

Un démon, que je poursuis depuis trois semaines et que je poursuivrai toute ma vie, s'il le faut, est apparu à cette fenêtre, j'ai couru après lui, pendant ce temps, je ne sais ce qu'elle est devenue, et tenez... cet homme, c'est le même qui vous avait enlevée.

Mme BONACIEUX.

Mon Dieu?

D'ARTAGNAN.

En outre, on est venu pour m'arrêter.

Mme BONACIEUX.

Où cela?

D'ARTAGNAN.

Là haut! chez-moi.

Mme BONACIEUX.

On ne vous a pas trouvé?

D'ARTAGNAN.

Non, mais on a trouvé un de mes amis qui s'est laissé emmener à ma place.

Mme BONACIEUX.

De sorte qu'ils croient vous tenir?

D'ARTAGNAN.

Parfaitement.

Mme BONACIEUX.

Monsieur d'Artagnan, il n'y a pas un instant à perdre.

D'ARTAGNAN.

Ordonnez!

Mme BONACIEUX.

Dites à votre laquais d'explorer les environs.

D'ARTAGNAN.

Planchet, tu entends?

PLANCHET.

Je cours, monsieur.

Mme BONACIEUX.

Vous allez m'accompagner.

D'ARTAGNAN.

Où cela?

Mme BONACIEUX.

A l'endroit où il se cache; mon Dieu! mon Dieu! pourvu que nous arrivions à temps.

D'ARTAGNAN.

Hâtons-nous.

PLANCHET, *à la porte du fond.*

On n'entre pas. Quand on vous dit qu'on n'entre pas.

SCÈNE VIII.

LES MÊMES, UN HOMME *enveloppé dans un manteau.*

L'HOMME.

Oui, mais j'entre, moi.

Il repousse Planchet et passe.

PLANCHET.

Monsieur! monsieur! à l'aide!

D'ARTAGNAN.

Ah! en voilà un qui va payer pour tous.

L'HOMME.

Oses-tu bien, drôle?

D'ARTAGNAN, *tirant son épée.*

On vous dit qu'on n'entre pas, monsieur.

L'HOMME.

Et j'ai répondu que j'entrais.

D'ARTAGNAN.

Qui êtes-vous?

L'HOMME.

Qui êtes-vous, vous-même?

D'ARTAGNAN.

Oh! mordious, vous allez le savoir.

L'HOMME.

Vous le voulez donc?

Il jette son manteau.

Mme BONACIEUX, *le reconnaissant.*

Bon! (*Elle se met entre eux et saisit les épées.*) Milord! milord ici!

D'ARTAGNAN, *faisant trois pas en arrière.*

Monsieur, vous seriez...

Mme BONACIEUX.

Milord, duc de Buckingham. (*à d'Artagnan.*) Et maintenant, vous pouvez nous perdre tous.

D'ARTAGNAN.

Vous, milord, ici... (*A Mme Bonacieux.*) Comment se fait-il?

Mme BONACIEUX.

Oh! je n'en sais rien, et il n'y a que milord qui puisse nous dire...

BUCKINGHAM.

C'est bien simple, on s'est présenté rue de La Harpe, on m'a montré le mouchoir et l'on m'a dit que j'étais attendu rue des Fossoyeurs, près du Luxembourg, chez un mercier nommé Bonacieux, comme le nom m'était connu, je n'ai pas hésité, et me voici.

D'ARTAGNAN.

C'est cela, on croyait la maison occupée encore par l'exempt et par ses hommes, et l'on voulait faire tomber milord dans un piége; milord, pardonnez-moi d'avoir tiré l'épée contre vous, et dites-moi de quelle façon je puis servir votre grâce.

BUCKINGHAM.

Merci, vous êtes un brave; vous m'offrez

vos services, et je les accepte... Marchez derrière nous.. à vingt pas, accompagnez-nous jusqu'au Louvre, et puisque vous savez de quels intérêts il s'agit ici, si quelqu'un nous épiait, tuez!

D'ARTAGNAN.

C'est bien! milord, passez devant, je vous suis.

BUCKINGHAM.

Venez, madame.

D'ARTAGNAN.

Planchet! préviens Porthos et Aramis qu'ils aient à ne pas dormir de la nuit.

Planchet sort par le fond.

SEPTIÈME TABLEAU.

Le Louvre, Chambre de la reine.

SCÈNE PREMIÈRE.

LA PORTE, ANNE D'AUTRICHE.

ANNE.

Eh bien! La Porte, le duc?

LA PORTE.

Le duc?

ANNE.

Vous n'avez point de ses nouvelles?

LA PORTE.

Nous n'en pouvions avoir que par madame Bonacieux, et du moment où le Cardinal l'a fait enlever... nous retombons dans l'incertitude.

ANNE.

La Porte.

LA PORTE.

Madame.

ANNE.

Il me semble que j'entends marcher dans le couloir secret, voyez qui ça peut être.

SCÈNE II.

LES MÊMES; Mme BONACIEUX.

Mme BONACIEUX, *ouvrant la porte du couloir.* Silence!

ANNE.

Ah! c'est toi, Constance.

Mme BONACIEUX.

Oui, madame... oui, Votre Majesté, c'est moi.

ANNE.

Ils t'ont remise en liberté.

Mme BONACIEUX.

Je me suis enfuie.

ANNE.

Et tu es accourue ici.

Mme BONACIEUX.

J'ai été où ma présence était nécessaire.

ANNE.

Tu l'as vu?

Mme BONACIEUX.

Votre Majesté.

ANNE.

Réponds vite, tu l'as vu... il ne lui est arrivé aucun accident?

Mme BONACIEUX.

Il est là.

ANNE.

Là!.. qui?..

Mme BONACIEUX.

Le duc.

ANNE.

Le duc de Buckingham?

Mme BONACIEUX.

Lui-même.

ANNE.

Au Louvre... chez le Roi... près du Cardinal.

Mme BONACIEUX.

Madame, il a dit que puisqu'il était venu, il ne retournerait pas à Londres sans vous voir, qu'il savait que la lettre n'était pas de vous, qu'il savait avoir été attiré dans un piège... mais qu'il remerciait ses ennemis de lui avoir fait cette position.

ANNE.

Quelle folie! Retourne où tu l'as laissé, prie, implore, ordonne en mon nom... (*le duc paraît*) dis-lui qu'il faut qu'il parte... que je ne le verrai pas... que je ne veux pas le voir... Au besoin, s'il le faut, je dirai tout au Roi.

SCÈNE III.

LES MÊMES; BUCKINGHAM.

BUCKINGHAM.

Oh! vous n'aurez pas ce courage, madame?

ANNE.

Le duc! La Porte de ce côté... Constance dans ce couloir. (*Ils obéissent.*) Oh! monsieur, monsieur, qu'avez-vous fait?

Les deux serviteurs se sont éloignés; la reine et Buckingham sont restés seuls.

BUCKINGHAM, *mettant un genou en terre.*

Je suis venu m'agenouiller devant vous et vous dire... Georges de Villiers, duc de Buckingham, est toujours le plus humble et le plus obéissant de vos adorateurs.

ANNE.

Duc, vous savez que ce n'est point moi qui vous ai fait écrire, n'est-ce pas?

BUCKINGHAM.

Oui, je sais que j'ai été un fou de croire que la neige s'animerait, que le marbre pourrait s'échauffer... mais que voulez-vous, quand on aime, on croit facilement à l'amour; d'ailleurs je n'ai pas tout perdu à ce voyage, puisque je vous vois.

ANNE.

Vous oubliez, milord, qu'en me voyant, vous courez risque de la vie, et que vous me faites courir, à moi, risque de mon honneur; vous me voyez pour m'entendre vous dire que tout nous sépare, les profondeurs de la mer, l'inimitié des deux royaumes, la sainteté des serments. Il est sacrilége de lutter contre tant de choses, milord, vous me voyez enfin pour m'entendre vous dire que nous ne pouvons plus nous revoir...

BUCKINGHAM.

Parlez, madame, parlez, reine, la douceur de votre voix couvre la dureté de vos paroles... Vous parlez de sacrilége... mais le sacrilége est dans la séparation des cœurs que Dieu avait fait l'un pour l'autre.

ANNE.

Milord! je ne vous ai jamais dit que je vous aimais.

BUCKINGHAM.

Mais vous ne m'avez jamais dit non plus que vous ne m'aimiez point.

ANNE.

Milord!

BUCKINGHAM.

Et ce serait une cruauté que vous ne commettrez pas... car, dites-moi, reine, où trouveriez-vous un amour pareil au mien... un amour que ni le temps, ni l'absence, ni le désespoir ne peuvent éteindre... un amour qui se contente d'un ruban, s'égaie d'un regard perdu, d'une parole échappée?.. Il y a trois ans que je vous ai vue pour la première fois, madame, et il y a trois ans que je vous aime ainsi.

ANNE.

Duc!

BUCKINGHAM.

Voulez-vous que je vous dise comment vous étiez vêtue la première fois que je vous ai vue?.. voulez-vous que je détaille chaque ornement de votre toilette?.. Je vous vois encore avec cette robe de satin brodée d'or, dont les manches pendantes se rattachaient sur vos bras si beaux par des ferrets de diamants... Oh! oui! tenez, je ferme les yeux et je vous vois telle que vous étiez alors..... je les ouvre et vous vois telle que vous êtes... c'est-à-dire cent fois plus belle!

ANNE.

Quelle folie de nourrir une passion inutile avec de tels souvenirs!

BUCKINGHAM.

Et de quoi voulez-vous donc que je vive!.. je n'ai que des souvenirs, moi... c'est mon bonheur, mon trésor, mon espérance... Chaque fois que je vous vois, c'est un diamant de plus que je renferme dans l'écrin de mon cœur... celui-ci est le quatrième que vous laissez tomber et que je ramasse, car en trois ans, madame, je ne vous ai vue que quatre fois, cette première que je viens de vous dire, la seconde chez madame de Chevreuse, la troisième dans les jardins d'Amiens...

ANNE.

Ne parlez pas de cette soirée, milord.

BUCKINGHAM.

C'est la soirée heureuse et rayonnante de ma vie... Vous rappelez-vous la belle nuit qu'il faisait... comme l'air était doux et parfumé, comme le ciel était bleu et tout émaillé d'étoiles? Oh! cette fois comme aujourd'hui, j'étais seul avec vous, cette fois vous étiez prête à tout me dire, votre isolement dans votre vie, les chagrins de votre cœur... le veuvage de votre âme... Vous étiez appuyée à mon bras... tenez, à celui-ci... Je sentais, en inclinant la tête de votre côté, vos beaux cheveux effleurer mon visage, et à chaque fois qu'ils l'effleuraient... je frissonnais de la tête aux pieds... Oh! reine! reine! vous ne savez pas tout ce qu'il y a de joie dans un pareil moment! Tenez, mes biens, ma fortune, ma gloire... tout ce qui me reste de jours à vivre pour une semblable nuit... car cette nuit-là, oh! cette nuit-là, madame, vous m'aimiez!.. je vous le jure que vous m'aimiez!

ANNE, ~~se levant.~~

Mais la calomnie s'en est emparée de cette nuit. Le Roi, excité par M. le Cardinal, a fait un éclat terrible, madame de Vernet a été chassée, Putange, exilé, madame de Chevreuse est tombée en défaveur, et lorsque vous avez voulu revenir comme ambassadeur en France, le Roi lui-même s'est opposé à votre retour.

BUCKINGHAM.

Oui, et la France va payer d'une guerre le refus de son roi.

ANNE.

Comment cela?

BUCKINGHAM.

Je n'ai point l'espoir de pénétrer jusqu'à Paris... à main armée... non, sans doute, mais cette guerre pourra amener une paix... cette paix nécessitera un négociateur... ce négociateur ce sera moi... et je reviendrai à Paris, et je vous reverrai.

ANNE.

Milord! mais songez-y donc toutes ces

preuves d'amour que vous voulez me donner, ce sont des crimes.

BUCKINGHAM.

Ah! parce que vous ne m'aimiez pas. Ah! madame de Chevreuse, dont vous parliez tout-à-l'heure, a été moins cruelle que vous. Holland l'a aimée et elle a répondu à son amour.

ANNE.

Hélas! madame de Chevreuse n'était pas reine.

BUCKINGHAM.

Vous m'aimeriez donc si vous ne l'étiez pas, vous, madame; oh! merci de ces douces paroles, ô ma belle majesté, cent fois merci.

ANNE.

Oh! vous avez mal compris.

BUCKINGHAM.

Je suis heureux d'une erreur... soit, n'ayez pas la cruauté de me l'enlever... cette lettre que j'ai reçue n'était pas de vous; vous l'avez dit vous-même, on m'a attiré dans un piége, j'y laisserai ma vie peut-être; car, tenez... c'est étrange, depuis quelque temps j'ai le pressentiment que je vais mourir.

ANNE.

Ah! mon Dieu!

BUCKINGHAM.

Je ne vous dis point cela pour vous effrayer, madame; croyez que je ne me préoccupe pas de pareils rêves... mais ce mot que vous venez de dire... cette espérance que vous m'avez presque donnée... elle aura tout payé, fût-ce ma vie.

ANNE.

Eh bien! moi aussi, duc, j'en ai des pressentiments; moi aussi, j'ai fait un rêve... et dans mon rêve... je vous voyais là, couché, sanglant, frappé d'une blessure.

BUCKINGHAM.

Au côté gauche, n'est-ce pas, avec un couteau?

ANNE.

Oui, c'est cela, milord... ah! mon Dieu, qui a pu vous dire que j'avais fait ce rêve... je n'en ai parlé qu'à Dieu, et encore dans mes prières.

Elle se lève.

BUCKINGHAM.

Je n'en veux pas davantage... vous m'aimez, madame, c'est bien.

A genoux.

ANNE.

Je vous aime,.. moi?..

BUCKINGHAM.

Oui, vous, Dieu vous enverrait-il les mêmes rêves qu'à moi si vous ne m'aimiez pas... aurions-nous les mêmes pressentiments si nos deux existences ne se touchaient point par le cœur?... vous m'aimez reine, et vous me pleurez.

ANNE.

Mon Dieu! mon Dieu! vous voyez que c'est plus que je n'en puis supporter... tenez, duc, au nom du ciel, partez, retirez-vous, je ne sais si je vous aime, ou si je ne vous aime pas..mais ce que je sais, c'est que si vous étiez frappé en France, que si vous mourriez en France, que si je pouvais supposer... que votre amour pour moi fût cause de votre mort.. je sais que je ne m'en consolerais jamais... je sais que j'en deviendrais folle, partez donc, partez, je vous en supplie.

BUCKINGHAM.

Oh! que vous êtes belle ainsi, et que je vous aime! que je vous aime!

ANNE.

Partez, partez et revenez plus tard, revenez comme ambassadeur, revenez comme ministre, entouré de gardes qui vous défendront, de serviteurs qui veilleront sur vous... et alors... alors, je ne craindrai plus pour vos jours, et j'aurai du bonheur à vous revoir.

BUCKINGHAM.

Eh bien! un gage de votre indulgence, un objet qui me vienne de vous, et qui me rappelle que je n'ai point fait un rêve... Quelque chose que vous ayez porté et que je puisse porter à mon tour, une bague, un collier une, chaîne.

ANNE.

Et partirez-vous, partirez-vous, si je vous donne ce que vous me demandez?

BUCKINGHAM.

Oui!

ANNE.

A l'instant même?

BUCKINGHAM.

Oui.

ANNE.

Vous quitterez la France, vous retournerez en Angleterre?

BUCKINGAM.

Oui, je vous le jure... je vous le jure.

ANNE.

Attendez, milord, attendez (*Elle s'élance hors de l'appartement, Buckingham l'attend immobile, les bras tendus. Anne reparaît, tenant un coffre de bois de rose.*) Tenez, milord, tenez, gardez ceci en mémoire de moi, ce sont les ferrets de diamant que je portais la première fois que vous m'avez vue, et que m'avait donnés le roi

BUCKINGHAM, *tombant à genoux.*

Est-ce bien vrai, madame?

ANNE.

Vous m'avez promis de partir.

BUCKINGHAM.

Et je tiens ma parole... Votre main, madame, votre main et je pars! (*Anne lui tend la main qu'il baise avec transport.*) Avant trois mois, madame, je serai mort ou je vous aurai revue, dussé-je, pour en arriver là, dussé-je bouleverser le monde.

Mme BONACIEUX, *entrant.*

Madame! madame!

ANNE.

Qu'y a-t-il?

Mme BONACIEUX.

Le duc a été suivi... son signalement pris, le mot d'ordre changé.

ANNE.

Vous entendez, duc.

BUCKINGHAM.

Mon Dieu! que faire?

D'ARTAGNAN, *entrant vivement.*

Mettre ce manteau et ce chapeau, monseigneur, et laisser là le vôtre.

BUCKINGHAM.

Mais le nouveau mot d'ordre?

D'ARTAGNAN.

Rochefort et La Rochelle, maintenant n'oubliez pas que vous êtes de la compagnie Tréville.

BUCKINGHAM.

Madame!

ANNE.

Partez, duc, partez... au nom du ciel, partez!

Mme BONACIEUX.

Partez.

D'ARTAGNAN.

Partez.

ANNE, *écoutant.*

Silence!

UNE VOIX.

Qui va là?

BUCKINGHAM.

De la compagnie Tréville... Rochefort et La Rochelle.

LA VOIX.

Passez!

LA REINE, *tombant dans un fauteuil.*

Il est sauvé!

HUITIÈME TABLEAU.

Le Cabinet du Cardinal.

SCÈNE PREMIÈRE.

Un homme de la police du Cardinal, LE CARDINAL, *derrière une portière.*

LE GREFFIER.

Monseigneur peut-il entendre?

UNE VOIX, *derrière la tapisserie.*

Oui.

LE GREFFIER.

Introduisez le prisonnier.

SCÈNE II.

LES MÊMES, BONACIEUX, *entre deux gardes.*

LE GREFFIER.

Vos noms, prénoms, âge et domicile?

BONACIEUX.

Jacques-Michel Bonacieux, âgé de cinquante-un ans, épicier-mercier, rue des Fossoyeurs.

LE GREFFIER.

Vous savez sans doute pourquoi vous êtes à la Bastille?

BONACIEUX.

Parce qu'on m'y a conduit, monsieur, sans cela, je vous jure que jamais de moi-même...

LE GREFFIER.

Vous vous méprenez à ma question, ou vous faites semblant de vous y méprendre. Je vous demande si vous êtes disposé à avouer le crime pour lequel vous avez été conduit à la bastille?

BONACIEUX.

Un crime, monsieur! moi, j'ai commis un crime?

LE GREFFIER.

Vous êtes accusé du plus grave de tous, du crime de haute trahison.

BONACIEUX.

De haute trahison!.. Eh! monsieur, comment voulez-vous qu'un pauvre mercier qui déteste les huguenots, qui abhorre les Espagnols, soit accusé de haute trahison?

LE GREFFIER.

Monsieur Bonacieux, vous avez une femme?

BONACIEUX.

Aie! oui, monsieur... c'est-à-dire que j'en avais une.

LE GREFFIER.

Comment, vous en aviez une... qu'en avez-vous fait, si vous ne l'avez plus?

BONACIEUX.

On me l'a enlevée, monsieur.

LE GREFFIER.

Et savez-vous quel est l'homme qui a commis ce rapt?

BONACIEUX.

Hum! je soupçonne un seigneur de haute taille, œil noir, cheveux noirs, cicatrice à la tempe.

LE GREFFIER, *se retournant vers la portière.*

Ah! ah! et son nom!

BONACIEUX.

Oh! quant à son nom... je l'ignore; mais si je le rencontrais jamais, je vous promets que je le reconnaîtrai, fût-il entre mille personnes.

LE GREFFIER.

Vous le reconnaîtriez entre mille, dites-vous?

BONACIEUX.

Pardon, c'est-à-dire...

LE GREFFIER.

Vous avez répondu que vous le reconnaîtriez; c'est bien.

BONACIEUX.

Monsieur, je ne vous ai pas dit que j'étais sûr, je vous ai dit que je croyais.

Pendant ce temps, un homme est entré et a parlé à l'oreille du greffier.

LE GREFFIER.

Ah! ah!

BONACIEUX.

Voyons, qu'y a-t-il encore?

LE GREFFIER.

Il y a que votre affaire se complique.

BONACIEUX.

Mon affaire?..

LE GREFFIER.

Qu'alliez-vous faire chez M. d'Artagnan, votre voisin, avec lequel vous avez eu une longue conférence dans la journée?

BONACIEUX.

Ah! oui, pour cela c'est vrai... j'ai été chez M. d'Artagnan.

LE GREFFIER.

Quel était le but de cette visite?

BONACIEUX.

De le prier de m'aider à retrouver ma femme; je croyais que j'avais le droit de la réclamer; je me trompais, monsieur.

LE GREFFIER.

Et qu'a répondu M. d'Artagnan?

BONACIEUX.

M. d'Artagnan m'avait d'abord promis son aide, mais j'ai vu bientôt qu'il me trahissait.

LE GREFFIER.

Vous mentez, monsieur; monsieur d'Artagnan a fait un pacte avec vous. Il a mis en fuite les hommes de police qui avaient arrêté votre femme, et il l'a soustraite à toutes les recherches.

BONACIEUX.

M. d'Artagnan a enlevé ma femme! que dites-vous donc là?

LE GREFFIER.

Heureusement M. d'Artagnan est entre nos mains, et vous allez lui être confronté.

BONACIEUX.

Ah! ma foi, je ne demande pas mieux! je ne serais pas fâché de revoir une figure de connaissance.

LE GREFFIER.

Faites entrer M. d'Artagnan.

BONACIEUX.

Ah! enfin!

SCÈNE III.

LES MÊMES; *deux gardes amenant* ATHOS.

LE GREFFIER *à Athos*.

M. d'Artagnan, déclarez ce qui s'est passé entre vous et monsieur.

BONACIEUX.

Mais ce n'est pas M. d'Artagnan que vous me montrez là.

LE GREFFIER.

Comment, ce n'est pas M. d'Artagnan?

BONACIEUX.

Pas le moins du monde.

LE GREFFIER.

Vous oseriez soutenir?..

BONACIEUX.

Ah ça! par exemple!

LE GREFFIER.

Comment s'appelle monsieur, alors, s'il ne s'appelle pas d'Artagnan?

BONACIEUX.

Mais je ne sais pas comment il s'appelle, demandez-le à lui-même.

LE GREFFIER.

Comment vous nommez-vous?

ATHOS.

Athos!

LE GREFFIER.

Ce n'est pas un nom d'homme, ça, c'est un nom de montagne.

ATHOS.

C'est mon nom.

LE GREFFIER.

Cependant vous avez dit que vous vous nommiez d'Artagnan.

ATHOS.

Moi!

LE GREFFIER.

Oui, vous.

ATHOS.

C'est-à-dire que c'est à moi qu'on a dit: vous êtes M. d'Artagnan; j'ai répondu: vous croyez? Mes gardes se sont écriés qu'ils en étaient sûrs. Je n'ai pas voulu les contrarier; d'ailleurs, je pouvais me tromper, j'étais ivre.

LE GREFFIER.

Monsieur, vous insultez à la majesté de la justice.

ATHOS.

Aucunement.

LE GREFFIER.

Vous êtes M. d'Artagnan.

ATHOS.

Vous voyez bien que vous le dites encore.

BONACIEUX.

Mais je vous dis, M. le commissaire, qu'il

n'y a pas un instant de doute à avoir : M. d'Artagnan est mon locataire, il ne me paie pas, et je dois le reconnaître.

LE GREFFIER.

Ceci est une raison. *(à un messager qui lui remet une lettre)* quoi ?

LE MESSAGER.

Lisez !

LE GREFFIER.

Oh ! la malheureuse !

BONACIEUX.

Comment ! que dites-vous, de qui parlez vous, ce n'est pas de ma femme j'espère ?

LE GREFFIER.

Au contraire, c'est d'elle, votre affaire est bonne, allez.

BONACIEUX, *exaspéré.*

Ah ça ! monsieur, faites-moi le plaisir de me dire en quoi mon affaire peut s'empirer de ce que ma femme fait pendant que je suis en prison.

LE GREFFIER.

Parce que ce qu'elle fait est la suite d'un plan arrêté entre vous, plan infernal.

BONACIEUX.

Je vous jure, monsieur le commissaire, que vous êtes dans la plus profonde erreur, que je ne sais rien au monde de ce que devait faire ma femme... que je suis entièrement étranger à ce qu'elle a fait, et que si elle a fait des sottises... je la renie... je la démens, je la maudis.

ATHOS.

Ah ça ! si vous n'avez plus besoin de moi, renvoyez moi quelque part, il est fort assomant, votre M. Bonacieux.

LE GREFFIER.

Reconduisez les prisonniers dans leurs cachots.

ATHOS.

Cependant, si c'est M. d'Artagnan que vous avez besoin de tenir sous clef, je ne vois pas pourquoi vous m'envoyez en prison.

LE GREFFIER.

Faites ce que j'ai dit.

SCÈNE IV.

LES MÊMES, LE CARDINAL.

LE CARDINAL *paraissant.*

Un instant !

TOUS.

Monseigneur.

ATHOS *s'inclinant.*

Monseigneur.

LE CARDINAL.

Vous êtes libre monsieur Ahos. *(à Bonacieux.)* Vous, restez. *(aux aides.)* Laissez-nous.

Athos s'incline, tous sortent avec les marques du plus profond respect.

BONACIEUX.

Qu'est-ce encore que ce monsieur là ?

SCÈNE V.

LE CARDINAL, BONACIEUX.

LE CARDINAL.

Vous avez conspiré.

BONACIEUX.

C'est ce que l'on m'a déjà appris, monseigneur, mais je vous jure que je n'en savais rien.

LE CARDINAL.

Vous avez conspiré avec votre femme, avec madame de Chevreuse, avec milord duc de Buckingham.

BONACIEUX.

Ah ! en effet, oui monseigneur, oui j'ai entendu prononcer ces noms là.

LE CARDINAL.

A qui ?

BONACIEUX.

A madame Bonacieux.

LE CARDINAL.

A quelle occasion ?

BONACIEUX.

Elle disait que le cardinal de Richelieu avait attiré le duc à Paris pour le perdre et pour perdre la reine avec lui.

LE CARDINAL.

Elle disait cela?

BONACIEUX.

Oui, monseigneur, mais moi je lui ai dit qu'elle avait tort de tenir de pareils propos et que son Éminence était incapable...

LE CARDINAL.

Taisez-vous ! vous êtes un imbécile.

BONACIEUX.

C'est justement ce que m'a répondu ma femme, monseigneur.

LE CARDINAL.

Savez-vous qui vous avait enlevé votre femme?

BONACIEUX.

Non, monseigneur.

LE CARDINAL.

Vous avez des soupçons, cependant ?

BONACIEUX.

Oui, monseigneur, mais ces soupçons ont paru contrarier M. le commissaire, et je ne les ai plus.

LE CARDINAL.

Quand vous alliez chercher votre femme au Louvre, revenait-elle directement chez vous?

BONACIEUX.

Dans les derniers temps, non; elle avait presque toujours affaire à des marchands de toile.

LE CARDINAL.

Et où demeuraient-ils, ces marchands de toile?

BONACIEUX.

Un, rue de Vaugirard; l'autre, rue de La Harpe.

LE CARDINAL.

Entriez-vous chez eux avec elle?

BONACIEUX.

Jamais, monseigneur, je l'attendais à la porte.

LE CARDINAL.

Et quel prétexte vous donnait-elle pour entrer seule?

BONACIEUX.

Elle ne m'en donnait pas, elle me disait d'attendre, et j'attendais.

LE CARDINAL.

Vous êtes un mari complaisant, mon cher monsieur Bonacieux.

BONACIEUX.

Il m'a appelé son cher monsieur, cela va bien.

LE CARDINAL.

Reconnaîtriez-vous les portes de ces maisons?

BONACIEUX.

Oui.

LE CARDINAL.

C'est bien... quelqu'un! (*Un officier s'approche.*) Allez me chercher Rochefort, et qu'il vienne à l'instant même, s'il est rentré.

L'OFFICIER.

Le comte est là, et demande instamment à parler à votre Eminence.

BONACIEUX.

Eminence! votre Eminence! son Eminence!

LE CARDINAL.

Qu'il vienne.

BONACIEUX.

Oh! mon Dieu! vous êtes le cardinal en personne, monseigneur, le grand cardinal... (*Il tombe à genoux.*) Et moi! miséricorde!

Il frappe le parquet de son front.

LE CARDINAL.

Venez, Rochefort.

SCÈNE VI.

LES MÊMES, ROCHEFORT.

ROCHEFORT.

Monseigneur!

BONACIEUX.

C'est lui!

LE CARDINAL.

Qui, lui?

BONACIEUX.

Celui qui a enlevé ma femme.

LE CARDINAL, *à l'officier.*

Remettez cet homme aux mains de ces deux gardes.

BONACIEUX.

Non! monseigneur, non... ce n'était pas lui... je m'étais trompé, monsieur ne lui ressemble pas du tout... monsieur est un honnête homme...

LE CARDINAL.

Emmenez cet imbécile!

On emmène Bonacieux, qui fait des gestes désespérés.

SCÈNE VII.

LE CARDINAL, ROCHEFORT.

ROCHEFORT.

Ils se sont vus.

LE CARDINAL.

La Reine et le Duc?

ROCHEFORT.

Oui.

LE CARDINAL.

Où?

ROCHEFORT.

Au Louvre.

LE CARDINAL.

Qui vous l'a dit?

ROCHEFORT.

Madame de Lannoy.

LE CARDINAL.

On peut compter sur elle.

ROCHEFORT.

Elle est toute à votre Éminence.

LE CARDINAL.

C'est bien, nous sommes battus... tâchons de prendre notre revanche.

ROCHEFORT.

Je vous y aiderai de toute mon âme, monseigneur.

LE CARDINAL.

Comment cela s'est-il passé?

ROCHEFORT.

A onze heures, la reine était avec ses femmes, elle est entrée dans son boudoir en disant... attendez-moi.

LE CARDINAL.

Et c'est dans le boudoir qu'il l'a vue?

ROCHEFORT.

Oui.

LE CARDINAL.

Qui l'a introduit?

ROCHEFORT.

Madame Bonacieux.

LE CARDINAL.

Combien de temps sont-ils restés ensemble?

ROCHEFORT.

Une demi-heure à peu près.

LE CARDINAL.

Après quoi la reine est rentrée?

ROCHEFORT.

Pour prendre un coffret de bois de rose, et elle est sortie aussitôt.

LE CARDINAL.

Et quand elle est rentrée plus tard a-t-elle remporté le coffret?

ROCHEFORT.

Non.

LE CARDINAL.

Madame de Lannoy sait-elle ce qu'il y avait dans le coffret?

ROCHEFORT.

Les ferrets de diamant que le roi a donnés à la reine.

LE CARDINAL.

Alors, elle les aurait remis au duc?

ROCHEFORT.

Elle les lui a remis.

LE CARDINAL.

Vous en êtes sûr, Rochefort?

ROCHEFORT.

Parfaitement sûr.

LE CARDINAL.

Bien, bien! tout n'est pas perdu peut-être, et peut-être même tout est-il pour le mieux, maintenant savez-vous où se tenaient madame de Chevreuse et le duc de Buckingham?

ROCHEFORT.

L'une rue de Vaugirard, l'autre rue de La Harpe.

LE CARDINAL.

C'est bien cela.

ROCHEFORT.

Votre Éminence veut-elle que je les fasse arrêter?

LE CARDINAL.

Oh! ils sont déja partis.

ROCHEFORT.

N'importe, on peut s'assurer....

LE CARDINAL.

J'y ai envoyé Vitray avec dix hommes: guettez son retour, et tenez-moi au courant de ce qu'il aura fait.

ROCHEFORT.

Soyez tranquille, monseigneur.

Il sort.

SCÈNE VII.

LE CARDINAL, BONACIEUX.

LE CARDINAL.

Faites rentrer le prisonnier. (*Bonacieux rentre*). Vous m'avez trompé.

BONACIEUX.

Moi, monseigneur, tromper votre Éminence.

LE CARDINAL.

Votre femme, en allant rue de Vaugirard, et rue de la Harpe, n'allait pas chez des marchands de toile?

BONACIEUX.

Et où allait-elle donc, Dieu?

LE CARDINAL.

Elle allait chez la duchesse de Chevreuse, et chez le duc de Buckingham, ces deux mortels ennemis du roi.

BONACIEUX.

Oui, oui, c'est cela, votre Eminence a raison; j'ai dit plusieurs fois a ma femme qu'il était étonnant que des marchands de toile demeurassent dans des maisons qui n'avaient pas d'enseignes... et chaque fois ma femme s'est mise à rire... ah! monseigneur! ah! que vous êtes bien le cardinal, le grand cardinal, l'homme de génie que l'Europe admire, et que...

Il se jette à ses pieds.

LE CARDINAL, *après avoir réfléchi.*

Relevez-vous, mon ami! vous êtes un brave homme.

Il le relève.

BONACIEUX.

Le cardinal m'a touché la main; j'ai touché la main du grand homme... le grand homme m'a appelé son ami.

LE CARDINAL.

Oui, mon ami, et comme on vous a soupçonné injustement, il vous faut une indemnité, tenez, prenez ces cent pistoles et pardonnez-moi.

BONACIEUX.

Que je vous pardonne, monseigneur... mais vous étiez libre de me faire arrêter, mais vous étiez bien libre de me faire torturer, mais nous étiez bien libre de me faire pendre... vous pardonner, monseigneur, allons donc, vous n'y pensez pas.

LE CARDINAL.

Adieu donc! ou plutôt au revoir, car nous nous reverrons, je l'espère.

BONACIEUX.

Oh! tant que monseigneur voudra.

Il sort.

LE CARDINAL.

Au revoir, M. Bonacieux, au revoir... voici désormais un homme qui se fera tuer pour moi... Ah! c'est vous, Rochefort. Eh bien?

SCÈNE IX.

LE CARDINAL, ROCHEFORT.

ROCHEFORT.

Eh bien! personne, ils sont partis?

LE CARDINAL.

Oui, l'une est sur la route de Tours... l'autre sur celle de Boulogne, c'est à Londres, que nous rejoindrons le duc de Buckingham.

ROCHEFORT.

Les ordres de son Eminence?

LE CARDINAL.

Pas un mot de ce qui s'est passé, que la reine reste dans une sécurité parfaite... qu'elle croie que nous sommes à la recherche d'une conspiration politique.

ROCHEFORT.

Est-ce tout?

LE CARDINAL.

Vous passerez chez milady, vous lui donnerez rendez-vous pour après demain, onze heures du soir, au cabaret du Colombier-Rouge, où déjà deux fois nous nous sommes vus, elle m'attendra dans sa chambre habituelle, et elle s'y rendra préparée à un voyage.. une chaise l'attendra toute attelée à la porte.

ROCHEFORT.

Oui, monseigneur.. à propos, et cet homme?

LE CARDINAL.

Quel homme?

ROCHEFORT.

Cet imbécile qu'on appelle Bonacieux... qu'en a donc fait votre Eminence? je l'ai vu sortir radieux et une bourse à la main, comptant de l'or.

LE CARDINAL.

J'en ai fait tout ce qu'on pouvait en faire... j'en ai fait l'espion de sa femme.

ROCHEFORT.

Et si madame de Chevreuse revenait à Paris?

SCÈNE X

LES MÊMES, LE ROI.

LE ROI.

Comment, si Mme de Chevreuse revenait à Paris, elle y est donc venue?

LE CARDINAL.

Votre Majesté a entendu, (*A Rochefort.*) Laissez-nous, mais ne vous éloignez pas.

LE ROI.

Oui, monsieur le Cardinal, j'ai entendu... Ah! madame de Chevreuse a quitté Tours malgré mes ordres!

LE CARDINAL.

Depuis cinq jours, Sire; je suis obligé de l'avouer.

LE ROI.

Monsieur le cardinal, voilà de ces choses que je ne puis souffrir.

LE CARDINAL.

Sire, j'ai attaché peu d'importance à ce voyage jusqu'au moment où j'ai appris...

LE ROI.

Qu'avez-vous appris, monsieur le Cardinal?

LE CARDINAL.

Que Mme de Chevreuse avait vue la reine.

LE ROI.

Elles se sont vues.

LE CARDINAL.

Oui, Sire.

LE ROI.

Ah! monsieur le Cardinal, il y a complot.

LE CARDINAL.

Oui, Sire, et je tiendrais même à cette heure tous les fils de ce complot, mais...

LE ROI.

Mais quoi?

LE CARDINAL.

Mais comme il n'y a plus en France de respect pour les lois, comme l'épée tranche toutes les questions, comme le service de Votre Majesté est le prétexte qui couvre toutes violences et toutes criminelles complicités...

LE ROI.

Monsieur le duc, en quoi mon service entrave-t-il l'exécution des lois, qu'y a-t-il?

LE CARDINAL.

Il y a, Sire, puisque vous me forcez à le dire, il y a que j'allais faire arrêter sur le fait, en flagrant délit, nantie de toutes les preuves, l'émissaire de Mme de Chevreuse et de la Reine! quand un mousquetaire, un garde, je ne sais trop, un militaire, enfin, est survenu, et a osé interrompre violemment le cours de la justice en tombant l'épée à la main sur d'honnêtes gens de lois chargés d'examiner impartialement l'affaire pour la mettre sous les yeux de Votre Majesté.

LE ROI.

En vérité, ils ont des complices parmi mes serviteurs.

LE CARDINAL.

Sire... du calme.

LE ROI.

Je serai calme quand je saurai tout... Ah! l'on a recours à mes mousquetaires... ah! l'on se sert de mes gardes contre moi-même, contre mon honneur... nous allons voir. (*Il se dirige vers l'appartement de la reine.*)

LE CARDINAL.

Pardon, mais où va Votre Majesté?

LE ROI.

Où je vais, mordieux? chez la reine.

LE CARDINAL.

C'est qu'il me reste quelques mots à dire à Votre Majesté.

LE ROI.

Dites vite.

LE CARDINAL.

En même temps que Mme de Chevreuse, le duc était à Paris.

LE ROI.

Quel duc?

LE CARDINAL.

Le duc de Buckingham.

LE ROI.

Le duc de Buckingham! et qu'y venait-il faire?

LE CARDINAL.

Il y venait sans doute pour conspirer avec les Espagnols et les huguenots pour préparer cette expédition formidable de La Rochelle.

LE ROI.

Non! mais pour conspirer contre mon honneur!

LE CARDINAL.

Votre Majesté me dit-elle cela d'après les rapports de madame de Lannoy?

LE ROI.

Quels rapports?

LE CARDINAL.

Madame de Lannoy aura dit à Votre Majesté que la Reine avait veillé fort tard, et ce matin beaucoup pleuré tout en écrivant seule chez elle.

LE ROI.

Elle a pleuré... elle a écrit... Mais ces lettres, ces lettres qu'elle a écrites sont déjà envoyées peut-être.

LE CARDINAL.

Il n'y a pas d'apparences, sire; madame de Lannoy me l'aurait dit.

LE ROI.

Ces lettres, il faut les avoir.

LE CARDINAL.

Oh! sire!

LE ROI.

Et quant à cet Anglais, quant à cet infâme duc de Buckingham, pourquoi ne l'avez-vous pas fait arrêter?

LE CARDINAL.

Arrêter le duc, arrêter le premier ministre du roi Charles Ier, y pensez-vous, sire?

LE ROI.

Eh bien! au lieu de l'arrêter, puisqu'il s'y exposait comme un espion... il fallait...

LE CARDINAL.

Il fallait...

LE ROI.

Rien... rien... Mais que fait-il?

LE CARDINAL.

Il est reparti, sire; il a quitté Paris cette nuit.

LE ROI.

Etes-vous bien sûr qu'ils ne se sont pas vus?

LE CARDINAL.

Oh! je crois la reine trop attachée à Votre Majesté.

LE ROI.

En attendant, ils ont correspondu... Elle a écrit, écrit en pleurant... Monsieur le duc, je vous répète qu'il me faut ces lettres! je le veux!

LE CARDINAL.

Une pareille mission, sire, embarrasserait tous les sujets de Votre Majesté, car si le roi dit je veux... la Reine peut dire je ne veux pas!

LE ROI.

Nous allons voir si elle me désobéira, à moi! (*Il sonne.*) Annoncez à la Reine que je la prie de passer ici.

L'officier sort.

LE CARDINAL.

Je me retire.

LE ROI.

Ne vous éloignez pas... Ah! monsieur le chancellier travaille dans mon grand cabinet... envoyez-le-moi.

Le Cardinal sort en saluant la Reine.

SCÈNE II.

LE ROI, LA REINE.

LA REINE.

Le Cardinal, mon Dieu! (*Haut.*) Votre Majesté m'a fait l'honneur de me demander?

LE ROI.

Oui, madame.

LA REINE.

J'attends les ordres de Votre Majesté.

LE ROI.

Moins de respect, madame, et plus de franchise. Pourquoi madame de Chevreuse est-elle à Paris?

LA REINE.

Ciel! madame de Chevreuse!.. Je ne sais pas, sire.

LE ROI.

Pourquoi cette nuit... avez-vous veillé?

LA REINE.

Je me sens mourir!...

LE ROI.

Pourquoi avez-vous pleuré? pourquoi avez-vous écrit?

LA REINE.

Je vous assure.

LE ROI.

Vous avez écrit... à qui... madame?

LA REINE.

Sire.

LE ROI.

Cette lettre, vous ne l'avez pas encore envoyée à son adresse, où est-elle, je la veux?

LA REINE.

Votre Majesté n'a pas épousé une princesse de mon nom pour en faire une esclave.

LE ROI.

Oui, faites la rebelle! j'aime mieux cela que vos hypocrites respects... cette lettre!

LA REINE.

Ce que j'écris... est à moi.

LE ROI.

Ce que vous uécrivez est àvotre roi, à votre maître, voulez-vous me donner cette lettre?

LA REINE.

Réfléchissez... sire.

SCÈNE XII.

LES MÊMES, LE CHANCELIER.

LE ROI.

Ah! entrez, monsieur le chancelier... (*à Reine*) madame, vous refusez.

LA REINE.

Oui.

LE ROI.

Pour la dernière fois.

LA REINE.

Jamais.

LE ROI.

Monsieur le chancelier, vous êtes le premier magistrat de mon royaume, vous connaissez des crimes de trahison et de lèse-majesté, vous allez entrer dans l'appartement de madame... de la Reine, et faire une exacte perquisition de tous ses papiers, que vous m'apporterez ici!

LA REINE.

Infamie!

LE ROI.

Vos clefs, madame!

LA REINE.

Monsieur le chancelier commandera, et dona Estefana, ma camériste, donnera les clefs de mes tables et de mes secrétaires.

LE ROI.

Allez, monsieur! (*le chancelier sort.*)

SCÈNE XIII.

LE ROI, LA REINE.

LE ROI.

Oh! vous êtes trop calme, madame, trop superbe, vous savez que le chancelier ne trouvera rien; en effet, ce n'est pas à un tiroir de meuble que l'on confie des lettres du genre de celle que vous avez écrite.

LA REINE.

Que voulez vous dire?. monsieur.

LE ROI.

Quand je punis ce traître de rebelle, qu'on appelait le maréchal d'Ancre, lui mort, on chercha les preuves de ses crimes chez sa femme, elle non plus n'avait rien confié à ses tiroirs, à ses tables... mais en la fouillant...

LA REINE.

La maréchale d'Ancre n'était que la maréchale d'Ancre, une aventurière florentine, voilà tout; mais l'épouse de Votre Majesté s'appelle Anne d'Autriche, elle est fille de roi! la plus grande princesse du monde.

LE ROI.

Et comme telle, Anne d'Autriche, n'en est que plus coupable... on ne ménage rien avec les coupables... (*Il fait un pas.*) Cette lettre!

LA REINE.

J'en appellerai à mon frère!

LE ROI.

J'ai des armées pour lui répondre... cette lettre!

LA REINE.

J'en appellerai à l'honneur des gentilshommes français!

LE ROI.

Pensez d'abord au mien... cette lettre, vous dis-je? vous la cachez, vous la gardez-là, sur vous! donnez-là moi?

LA REINE.

Sire!

LE ROI.

Donnez-là! ou je la prendrai!

LA REINE.

Je vous épargnerai cette honte, sire, je m'épargnerai cet affront!.. eh bien! oui, j'ai écri une lettre.

LE ROI.

Ah! vous avouez...

LA REINE.

Cette lettre, votre chancelier ne la trouvera pas, je l'ai sur moi, comme vous dites, vous la voulez?

LE ROI.

Je la veux!

LA REINE.

La voici.

Elle tombe sur un fauteuil.

LE ROI *l'ouvrant avec précaution.*

Mon frère... (*parlé*) Elle écrivait au roi d'Espagne. (*lisant*) « Des plaintes contre le Cardinal, un plan de guerre, une ligue avec l'Espagne et l'Autriche dans le but de renverser mon ministre...

SCÈNE XIV.

LES MÊMES, LE CARDINAL.

LE CARDINAL.

De la politique, n'est-ce pas, sire?

LE ROI.

Oui, duc, rien que de la politique, pas un mot de ce que je croyais, Dieu soit loué... tenez.

LE CARDINAL *lisant.*

J'en étais bien sûr, je l'avais dit à Sa Majesté.

LE ROI.

N'importe! il y avait complot contre vous, et la Reine ne mérite pas moins ma colère...

LE CARDINAL.

Oh! sire! la Reine est mon ennemie, c'est vrai; mais n'est-elle pas une épouse soumise, irréprochable? permettez-moi d'intercéder pour elle.

LA REINE.

Que dit-il?

LE ROI.

Eh bien! qu'elle revienne à moi la première.

LE CARDINAL.

Au contraire, sire, donnez l'exemple, vous avez eu le premier tort, puisque c'est vous qui avez soupçonné la Reine, puisque c'est Votre Majesté qui a provoqué un scandale.

SCÈNE XV.

LES MÊMES, LE CHANCELIER.

LE ROI.

Eh bien! que faut-il faire?

LE CARDINAL.

Quelque chose qui soit agréable à Sa Majesté la reine, quelque chose qui soit une distraction et une réparation en même temps. Donnez un bal, ou plutôt les échevins de la ville de Paris donnent une fête dans peu de jours, ce leur sera un grand honneur de recevoir Vos Majestés.

LE ROI.

Quand cela?

LE CARDINAL.

Dans quatre jours; je crois, sire, ce sera dis-je une grande joie pour la ville, et ce sera une occasion pour Sa Majesté, la reine, de mettre ces beaux ferrets de diamants que le roi lui a donnés.

LA REINE.

Oh! mon Dieu!

LE ROI.

Vous avez raison, monsieur le duc, vous avez raison; ainsi, madame, vous acceptez, n'est-ce pas?

LE CARDINAL, *bas au roi.*

Votre Majesté insistera pour que la Reine se pare des ferrets.

Il sort.

LE ROI.

Que veut-il dire? Me ménage-t-il encore une de ces terribles surprises, comme il sait les faire (*à la Reine*): vous ne m'aviez pas dit que vous acceptiez, madame, entendez-vous?

LA REINE.

Oui, Sire, j'entends.

LE ROI.

Vous paraitrez à ce bal, qui a lieu dans quatre jours.

LA REINE.

Oui.

LE ROI.

Avec vos ferrets.

LA REINE.

Oui.

LE ROI.

Bien, j'y compte, j'y compte, adieu madame!

Il sort.

LA REINE.

Je suis perdue!

SCÈNE XVI.

LA REINE, Mme BONACIEUX.

Mme BONACIEUX.

Ne puis-je donc rien pour ma reine!

LA REINE.

Toi! Toi!

Mme BONACIEUX.

Oh! je suis à vous corps et âme, et si loin que je sois de Votre Majesté... je trouverai moyen de la sauver.

LA REINE.

Moi trahie de tous côtés, moi vendue, moi perdue!

Mme BONACIEUX.

Ces ferrets, que le roi vous demande.

LA REINE.

Tu sais?

Mme BONACIEUX.

J'ai tout entendu... ces ferrets étaient enfermés dans un coffret de bois de rose?

LA REINE.

Oui.

Mme BONACIEUX.

Ce coffret... M. de Buckingham ne l'a-t-il pas emporté hier?

LA REINE.

Silence! Silence!

Mme BONACIEUX.

Il faut les ravoir!

LA REINE.

Mais comment?

Mme BONACIEUX.

Il faut envoyer quelqu'un au duc.

LA REINE.

Qui? mon Dieu, qui?

Mme BONACIEUX.

Avez-vous confiance en moi, madame; si vous me faites cet honneur, ma reine... j'ai trouvé le messager!

LA REINE.

Fais cela! et tu me sauves la vie, et tu me sauves l'honneur.

Mme BONACIEUX.

Mais le duc ne rendra pas ces ferrets sans un mot de votre main.

LA REINE.

Un mot de ma main! s'il est surpris c'est pour moi le divorce, le couvent, l'exil!

Mme BONACIEUX.

Et pour moi, c'est la mort!

LA REINE, *court à la table, et elle écrit pendant que madame Bonacieux regarde aux portes.* Tiens!

Mme BONACIEUX.

Bien, madame!

LA REINE.

Mais ton messager, on l'arrêtera, on l'attaquera... il n'arrivera jamais à temps.

Mme BONACIEUX.

Celui que j'enverrai, madame, quand on l'arrête il passe, quand on l'attaque il tue, oh! vous verrez!... adieu, madame, adieu!

NEUVIÈME TABLEAU.

La Chambre de d'Artagnan.

SCÈNE PREMIÈRE.

PLANCHET *à plat ventre, tirant une bouteille par la trappe;* ATHOS *entrant.*

ATHOS, *prenant la bouteille que Planchet a posée près de lui.*

Merci, Planchet, un verre!

PLANCHET.

Ah! monsieur Athos.. vraiment.. c'est vous. Mon Dieu, que je suis content de vous voir... un verre?... deux si vous voulez... Vous êtes donc sorti de la Bastille?

ATHOS.

Tu le vois bien, puisque me voilà.

PLANCHET.

Je croyais cependant avoir fermé la porte à la clef.

ATHOS.

Tu sais que nous avons chacun une clef de nos appartements respectifs.

PLANCHET.

Ah! c'est vrai.

ATHOS.

Et ton maître, où est-il?

PLANCHET.

Ah! monsieur, je ne suis pas inquiet.

ATHOS.

Comment, tu n'es pas inquiet?

PLANCHET.

Oui, monsieur, le chevalier est en bonne fortune... on s'est raccommodé.

ATHOS.

Raccommodé... avec qui?

PLANCHET.

Avec cette méchante femme, vous savez.

ATHOS.

Laquelle?

PLANCHET.

Celle qu'il appelle milady, la femme de la Place-Royale.

ATHOS.

A-t-il dit quelque chose en partant?

PLANCHET.

Il a dit que s'il n'était pas rentré demain matin à neuf heures... je vous prévinsse, ainsi que MM. Porthos et Aramis... et que vous aviseriez.

ATHOS.

Ah! diable!

PLANCHET.

Chut! écoutez.

ATHOS.

Quoi?

PLANCHET.

Il me semble que j'entends du bruit sur l'escalier.

ATHOS.

Vois.

D'ARTAGNAN, *du dehors et secouant la porte.*

Planchet... mordioux! Planchet, ouvriras-tu, drôle?

PLANCHET.

On y va... c'est lui... c'est M. le chevalier.

ATHOS.

Oh! oh! qu'y a-t-il?

D'ARTAGNAN.

Ah! mille démons!

PLANCHET.

Est-ce que Monsieur est poursuivi?

D'ARTAGNAN, *entrant tout bouleversé.*

Je n'en sais rien, mais ferme les portes.

ATHOS.

Eh bien! d'Artagnan?

D'ARTAGNAN.

Athos... vous, mon ami... vous êtes donc sorti de leurs griffes?

ATHOS.

Oui, et je suis venu vous faire ma première visite.

D'ARTAGNAN.

C'est Dieu qui vous a inspiré, j'allais courir chez vous.

ATHOS.

Qu'est-il donc arrivé?

D'ARTAGNAN.

Ce qui est arrivé?.. Planchet, fais la garde sur l'escalier et ne laisse entrer âme qui vive.

PLANCHET.

Excepté les femmes.

D'ARTAGNAN.

Les femmes moins que personne, mordioux!

ATHOS.

Ah! ah! il paraît que nos amours ont mal tourné.

D'ARTAGNAN.

Athos, ne riez pas... oh! non! de par le ciel! ne riez pas! car, sur mon âme, il n'y a pas de quoi rire.

ATHOS.

En effet, vous êtes bien pâle... seriez-vous blessé?

D'ARTAGNAN.

Non, Dieu merci!

ATHOS.

Mais qu'avez-vous donc?

D'ARTAGNAN.

J'ai... que j'ai eu peur...

ATHOS.

Vous, d'Artagnan ?... d'Artagnan a eu peur! qu'est-il donc arrivé ?

D'ARTAGNAN.

Un événement terrible, Athos!

ATHOS.

Expliquez-vous... qu'y a-t-il?

D'ARTAGNAN.

Il y a que milady est marquée d'une fleur de lys à l'épaule.

ATHOS.

Ah! milady... marquée... que dites-vous là?

D'ARTAGNAN.

Voyons, répondez-moi! êtes-vous sûr que l'autre soit bien morte?

ATHOS.

L'autre?

D'ARTAGNAN.

Celle dont vous me parliez avant-hier... ici, là, à cette place... la femme du Berry.

ATHOS, *passant sa main sur son front.*

Comment est milady?.. son âge... sa taille... ses traits?..

D'ARTAGNAN.

Vingt-cinq à vingt-six ans, petite plutôt que grande, des cheveux chatains, des sourcils bien marqués... l'œil sombre et plein d'éclairs...

ATHOS.

Pâle...

D'ARTAGNAN.

Pâle... des épaules magnifiques, et sur la gauche... une fleur de lys rousse... et comme effacée sous les couches de pâte.

ATHOS.

Vous la disiez anglaise?

D'ARTAGNAN.

Eh bien! la vôtre, qu'était-elle?

ATHOS.

C'est vrai... Charlotte Backson... comment avez vous su?...

D'ARTAGNAN.

Cette femme s'était aperçue qu'elle me plaisait. Elle est coquette... elle m'avait fait des avances. Je les avais naturellement acceptées, tout à coup la caméristе se prend d'un bel amour pour ma personne et m'avertit que sa maîtresse se moquait de moi. Je suis du midi, la colère me monte à la tête, j'exige des preuves, et elle me prouve que milady donnait des rendez-vous chez elle à un M. de Wardes... Je me vengerai d'une façon terrible, m'écriai-je. La camériste n'avait rien à me refuser; je lui ordonnai de m'introduire dans l'appartement de sa maîtresse. C'était facile; milady attendait son amant, et la chambre était sans lumière.

ATHOS.

Sans lumière?

D'ARTAGNAN.

Naturellement; à cause de la fleur de lys, pardieu!.. Eh bien! je suis entré, et mes affaires allaient à merveille... quand tout à coup... la camériste, jalouse et craignant sans doute que ma vengeance ne fût plus douce que je l'avais annoncée, feint d'avoir été appelée et apparaît une lumière à la main... Mylady me reconnaît; elle veut me faire sortir... je m'obstine à rester, et, dans la lutte, le peignoir s'est déchiré.

ATHOS.

Ah! et vous avez vu l'épaule?

D'ARTAGNAN.

Mon ami, enfermez-moi avec une panthère enragée... avec une lionne furieuse... avec un serpent à sonnettes... j'y consens... mais avec cette femme qui me poursuivait le poignard à la main... Athos... je vous ai tout dit dans ces deux mots: ici, même, près de vous, rien qu'en y pensant, j'ai peur!

ATHOS.

Attendez... qu'avez-vous donc là, au doigt?

D'ARTAGNAN.

Une bague qu'elle y a mise, croyant que j'étais de Wardes.

ATHOS.

Cette bague...

D'ARTAGNAN.

Je ne l'ai pas même regardée.

ATHOS.

Je la connais, moi... c'est celle que je lui ai donnée, le soir même de nos noces... d'Artagnan, c'est elle.

D'ARTAGNAN.

En ce cas, mon cher Athos, j'ai bien peur d'avoir attiré sur nous deux, une vengeance terrible.

ATHOS.

Que m'importe!

D'ARTAGNAN.

Comment, que vous importe?

ATHOS.

Sur mon âme, d'Artagnan, je donnerais ma vie pour un cheveu... mais vous vous alarmez à tort à mon égard... elle me croit mort, comme je l'ai cru morte.

D'ARTAGNAN.

Athos... il y a quelque horrible mystère dans tout cela; elle est prête à faire un voyage... tenez... je ne sais pourquoi... mais j'ai la conviction que cette femme est l'espion du Cardinal.

ATHOS, *prenant son manteau.*

C'est bien!

D'ARTAGNAN.

Vous me quittez?

ATHOS.

Elle demeure Place Royale, n'est-ce pas?

D'ARTAGNAN.

Oui, à l'angle, au fond à gauche.

ATHOS.

A merveille!

D'ARTAGNAN.

Un dernier mot, en vous en allant, envoyez ici, Porthos, Aramis et les laquais, nous n'aurons peut-être pas trop de toutes nos forces pour faire face à l'ennemi.

ATHOS.

Bien!

D'ARTAGNAN.

Allez.

SCÈNE IV.

D'ARTAGNAN *seul*, *puis* Mme BONACIEUX.

D'ARTAGNAN.

Ouf! en voilà des aventures!.. sans compter que je ne suis probablement pas au bout.

UNE VOIX, *dans le dessous.*

M. d'Artagnan! M. d'Artagnan!

D'ARTAGNAN.

Est-ce que je n'ai pas entendu mon nom?

On frappe sous les pieds de d'Artagnan.

LA VOIX.

M. d'Artagnan!

D'ARTAGNAN *ouvrant la trappe.*

Qui m'appelle?

LA VOIX.

Moi, madame Bonacieux, êtes vous seul?

D'ARTAGNAN.

Oui, voulez-vous que je descende?

LA VOIX.

Non, je monte chez vous... pouvez-vous me recevoir?

D'ARTAGNAN.

Pardieu!

LA VOIX.

Fermez la trappe alors.

Il ferme la trappe.

D'ARTAGNAN.

Si je puis la recevoir... je crois bien, l'adorable créature! qu'elle vienne, mordioux! (*il va à la porte.*) Planchet, laisse passer.

SCÈNE V.

D'ARTAGNAN, Mme BONACIEUX.

Mme BONACIEUX.

Ah! mon Dieu! je me meurs.

PLANCHET.

Monsieur, faut-il encore monter la garde?

D'ARTAGNAN.

Plus que jamais, Planchet.

Mme BONACIEUX.

M. d'Artagnan... ah! quel bonheur de vous rencontrer!...

D'ARTAGNAN.

Me voici, madame.

Mme BONACIEUX.

Vous m'avez offert vos services.

D'ARTAGNAN.

Et je vous les offre encore.

Mme BONACIEUX.

Tant mieux, car j'ai répondu de vous.

D'ARTAGNAN.

A qui?

Mme BONACIEUX.

A la Reine!

D'ARTAGNAN.

Et vous avez bien fait... je suis à ses ordres et surtout aux vôtres.

Mme BONACIEUX.

Monsieur, je vous connais à peine... mais j'ai toute confiance en vous... pourquoi? je n'en sais rien.

D'ARTAGNAN.

Je le sais, moi... c'est parce que je vous aime.

Mme BONACIEUX.

Vous me le dites... Écoutez-moi : je jure devant Dieu que si vous me trahissiez et que mes ennemis me pardonnassent, ce dont je doute, je jure, je jure que je me tuerais en vous accusant de ma mort.

D'ARTAGNAN.

Et moi, devant Dieu... je jure aussi, madame, que si je suis pris en accomplissant les ordres que vous me donnerez... je mourrai avant de rien faire ou dire qui compromette quelqu'un que je respecte ou quelqu'un que j'aime.

Mme BONACIEUX.

Eh bien! il s'agit de partir à l'instant sans perdre une seconde.

D'ARTAGNAN.

Pour quel pays?

Mme BONACIEUX.

Pour Londres.. et de remettre cette lettre...

D'ARTAGNAN.

A qui?

Mme BONACIEUX.

Au duc de Buckingham.

D'ARTAGNAN.

Mais il me faut un congé de M. de Tréville?

Mme BONACIEUX.

Je suis passée chez lui.... dans un quart d'heure, on l'apportera ici.

D'ARTAGNAN.

Et je pars... mais à mon retour...

Mme BONACIEUX.

A votre retour?

D'ARTAGNAN.

Que fera Mme Bonacieux pour l'homme qui risque sa vie pour elle?

Mme BONACIEUX.

Silence!

D'ARTAGNAN.

Quoi?

Mme BONACIEUX.

La voix de mon mari!..

D'ARTAGNAN.

Soyez tranquille, Planchet défend la porte... Que fera-t-elle, dites?

Mme BONACIEUX.

Je n'en sais rien... mais venez toujours la rejoindre où elle sera, et nous verrons.

D'ARTAGNAN.

Mais où sera-t-elle?

Mme BONACIEUX.

Vous le demanderez à la Reine, et la Reine vous le dira, ce sera votre récompense.

BONACIEUX, *de l'autre côté de la porte.*

Mais quand je vous dis que ce n'est pas M. d'Artagnan que je veux parler, mais à ma femme.

Mme BONACIEUX.

Cachez-vous là, moi je reste.

D'ARTAGNAN.

Par ici.

Mme BONACIEUX.

Avez-vous de l'argent?

D'ARTAGNAN.

J'ai de quoi en faire...

Il embrasse madame Bonacieux.

Mme BONACIEUX.

Mais que faites-vous donc?

D'ARTAGNAN.

Je prends des arrhes pour ma route.

Mme BONACIEUX.

Mais vous ne partez pas encore.

PLANCHET.

Comment, à votre femme?

BONACIEUX.

Oui, je sais que ma femme est chez M. d'Artagnan, et je veux lui parler, que diable! j'ai le droit de parler à ma femme. Ah! monsieur Planchet, monsieur Planchet, je vous préviens que si vous n'ouvrez pas... je vais chercher le guet.

Mme BONACIEUX, *ouvrant la porte.*

Mais laissez donc entrer, monsieur Planchet, puisque mon mari veut me parler, qu'il me parle.

SCÈNE VI.

BONACIEUX, Mme BONACIEUX.

BONACIEUX.

C'est bien heureux... Que faites-vous ici, madame?

Mme BONACIEUX.

J'attends M. d'Artagnan.

BONACIEUX.

M. d'Artagnan, vous attendez M. d'Artagnan? Hum! hum!

Il regarde autour de lui.

Mme BONACIEUX.

Sans doute, vous voyez bien qu'il n'y est pas.

BONACIEUX.

Ah! il n'y est pas.

Mme BONACIEUX.

Dam! il me semble.

BONACIEUX.

C'est vrai, mais pourquoi attendez-vous M. d'Artagnan?

Mme BONACIEUX.

Ah! ceci, monsieur Bonacieux, cela ne vous regarde pas.

BONACIEUX.

Comment, cela ne me regarde pas... et qui donc cela regarde-t-il, je vous le demande?..

Mme BONACIEUX.

Cela regarde des gens que vous ne connaissez pas et à qui vous n'avez pas à faire.

BONACIEUX, *croisant les bras.*

Oui, n'est-ce pas... cela regarde Mme de Chevreuse... cela regarde M. le duc de Buckingham?

Mme BONACIEUX.

Que dites-vous là, mon Dieu!

BONACIEUX.

Ah! madame... vous ne saviez pas que je connusse votre complot.

Mme BONACIEUX.

Quels noms avez-vous prononcés... et qui vous a instruit?

BONACIEUX.

Des intrigues, n'est-ce pas, toujours des intrigues?... Mais, je m'en défie maintenant de vos intrigues, et M. le Cardinal m'a éclairé là-dessus.

Mme BONACIEUX.

Le Cardinal... vous avez vu le Cardinal?

BONACIEUX, *avec importance.*

Il m'a fait appeler, madame.

Mme BONACIEUX.

Et vous vous êtes rendu à son invitation? imprudent que vous êtes!

BONACIEUX.

Je dois dire que je n'avais pas le choix de m'y rendre, ou de ne pas m'y rendre, attendu que j'étais entre deux gardes.

Mme BONACIEUX.

Alors, il vous a maltraité, il vous a fait des menaces?

BONACIEUX.

Il m'a tendu la main, et m'a appelé son ami... Entendez-vous, madame, je suis l'ami du grand Cardinal.

Mme BONACIEUX.

Du grand Cardinal... il est des pouvoirs au-dessus du sien!

BONACIEUX.

J'en suis fâché, madame, mais je ne connais pas de pouvoir au-dessus de celui du grand homme que j'ai l'honneur de servir.

Mme BONACIEUX.

Vous servez le Cardinal... Il ne vous manquait plus que de servir le parti de ceux qui maltraitent votre femme, et qui insultent votre reine.

Pendant les dernières lignes de cette scène, Porthos et Aramis, suivis de leurs laquais, sont introduits tout doucement par Planchet.

BONACIEUX.

Madame, la Reine est une perfide espagnole, et ce que M. le Cardinal fait est bien fait.

Mme BONACIEUX.

Ah! monsieur, je vous savais lâche, avare, imbécile... mais je ne vous savais pas infâme!

BONACIEUX.

Hein ! que dites-vous là ?

Mme BONACIEUX.

Je dis qu'il ne vous manque plus que de me suivre, de m'épier.

BONACIEUX.

C'est justement ce que j'ai fait.

Mme BONACIEUX.

De me dénoncer.

BONACIEUX.

C'est justement ce que je vais faire.

Mme BONACIEUX.

Comment, vous allez reporter au Cardinal ?...

BONACIEUX.

Que je vous ai trouvée chez M. d'Artagnan et

BONACIEUX.

Comment, on ne passe pas ?

ARAMIS.

C'est la consigne... et vous le savez, monsieur, les mousquetaires sont esclaves de leur consigne.

BONACIEUX.

Et qui vous l'a donnée, cette consigne ?

PORTHOS.

Notre ami, d'Artagnan.

BONACIEUX.

Et il n'est pas ici, votre ami d'Artagnan ?

D'ARTAGNAN, *passant son corps à travers la trappe.*

BONACIEUX.

Hein ! que dites-vous là ?

Mme BONACIEUX.

Je dis qu'il ne vous manque plus que de me suivre, de m'épier.

BONACIEUX.

C'est justement ce que j'ai fait.

Mme BONACIEUX.

De me dénoncer.

BONACEIUX.

C'est justement ce que je vais faire.

Mme BONACIEUX.

Comment, vous allez reporter au Cardinal ?...

BONACIEUX.

Que je vous ai trouvée chez M. d'Artagnan et que vous n'avez pas voulu me dire le motif pour lequel vous êtes venu... je ne doute point que vous ne conspiriez avec lui.

Mme BONACIEUX.

Vous allez faire cela ? oh ! non, impossible.

BONACIEUX.

De ce pas, madame, de ce pas, j'y vais.

Mme BONACIEUX.

Oh ! il y a une justice et Dieu ne permettra pas...

BONACIEUX.

Ah ! bon ! le Cardinal est bien avec lui, il en fera son affaire...

Se retournant et apercevant Porthos et Aramis.

SCÈNE VII.

LES MÊMES, PORTHOS, ARAMIS, LES LAQUAIS.

PORTHOS.

Pardon ! brave homme, mais on ne passe pas.

BONACIEUX.

Comment, on ne passe pas ?

ARAMIS.

C'est la consigne... et vous le savez, monsieur, les mousquetaires sont esclaves de leur consigne.

BONACIEUX.

Et qui vous l'a donnée, cette consigne ?

PORTHOS.

Notre ami d'Artagnan.

BONACIEUX.

Et il n'est pas lui, votre ami d'Artagnan ?

D'ARTAGNAN, *passant son corps à travers la trappe.*

Pardon, mon cher Bonacieux, vous faites erreur... Me voilà.

BONACIEUX.

Monsieur d'Artagnan... moitié chez lui, moitié chez moi.

PORTHOS, *la main au feutre.*

Que faut-il faire, brigadier ?

D'ARTAGNAN.

Ayez les plus grands égards pour monsieur Bonacieux, qu'il ne manque de rien... mais enfermez-le dans sa cave et qu'il n'en sorte qu'à mon retour... Planchet, Bazin et Mousqueton, le garderont à vue... Voilà l'ordre.

BONACIEUX.

Qu'à votre retour... et quand revenez-vous ?

D'ARTAGNAN, *disparaissant.*

Je n'en sais rien... adieu !

Mme BONACIEUX.

Cela vous apprendra, monsieur, à vous faire l'espion du Cardinal.

DIXIÈME TABLEAU.

L'Auberge du Colombier-Rouge.

Rez-de-chaussée et premier étage. — Même décoration à peu près que dans les *Mystères de Londres.*

SCÈNE PREMIÈRE.

MILADY *écrivant au premier*, ATHOS *au rez-de-chaussée*, L'HÔTE.

ATHOS *en simple cavalier.*

Mais il me semble qu'il n'y a rien de si extraordinaire dans ce que je vous dis là, j'attends deux de mes amis, nous désirons nous griser ensemble, nous avons peur qu'on ne nous dérange pendant cette respectable opération et nous voulons vous louer cette chambre.

L'HÔTE.

Non, ce n'est pas cela que j'avais compris, j'avais compris que vous demandiez toute la maison, entendez-vous bien ? et comme le premier est déjà occupé...

ATHOS.

Eh bien ! oui, par une femme, vous me l'avez dit, nous sommes trop galants pour déranger les dames, que diable ! que cette dame reste où elle est... et pourvu que nous puissions disposer de cette chambre...

L'HÔTE.

Très bien ! de cette façon-là tout s'arrange, mon Dieu !.. et moyennant une pistole..

ATHOS.

La voilà... montez-nous du vin.

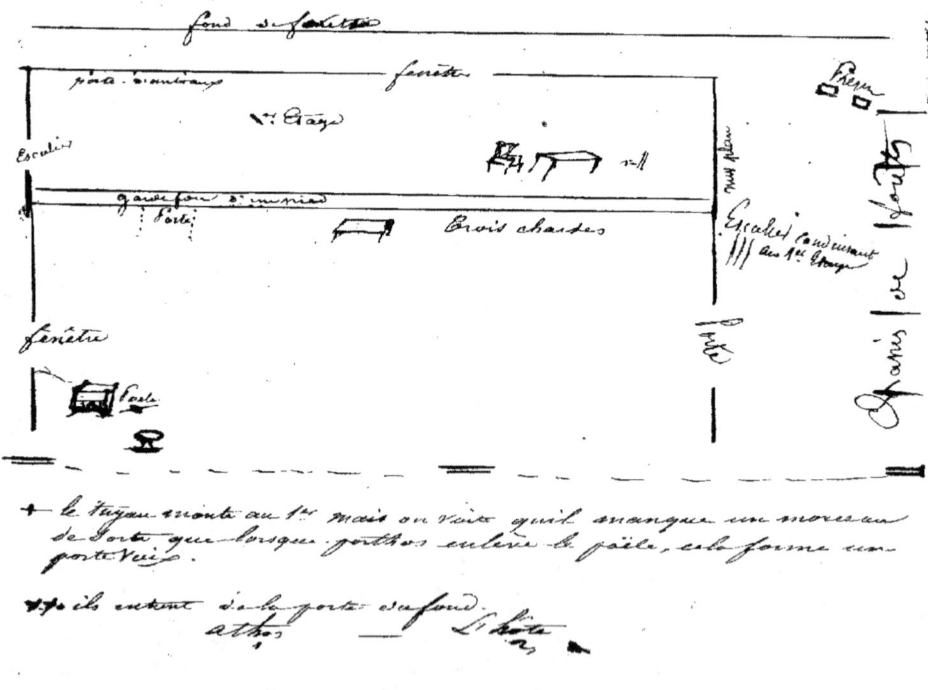

L'HÔTE.

Combien de bouteilles ?

ATHOS.

Tant que vous voudrez.

L'HÔTE.

Fameuse pratique !

Il sort.

ATHOS *seul.*

Elle est ici. Je l'ai vue entrer, j'entends marcher au-dessus de moi...

MILADY *allant à la fenêtre.*

Le Cardinal avait dit à dix heures et demie (*Dix heures sonnent*). Allons, ce n'est pas lui qui est en retard, c'est moi qui suis en avance.

PORTHOS *arrivant du dehors, à Athos.*

Chut !

ATHOS.

Eh bien !

PORTHOS.

Aramis a fait le signal.

ATHOS.

Alors ils viennent ?

PORTHOS.

Oui.

ATHOS.

Soit.

PORTHOS.

Maintenant, est-ce que vous ne pourriez pas me dire, Athos ?

ATHOS.

Inutile... je voudrais seulement savoir une chose.

PORTHOS.

Laquelle ?

ATHOS.

C'est comment je pourrai entendre ce qui se dira là-haut.

L'HÔTE *rentrant.*

Voilà le vin.

ATHOS.

Merci, nous sommes chez nous et personne ne nous dérangera.

L'HÔTE.

Non, ah ! seulement une recommandation.

ATHOS.

Laquelle !

L'HÔTE.

Ne faites pas de feu dans le poële.

ATHOS.

Et pourquoi cela ?

L'HOTE.

Vous allez comprendre : Je suis un homme d'esprit, moi, j'ai fait d'une pierre deux coups; avec le poële, j'ai chauffé le rez-de-chaussée, avec le tuyau, la chambre au-dessus, mais hier le tuyau est tombé, oui, dans une bagarre, dans une dispute, dans une batterie, de sorte que si vous faisiez du feu vous l'enfumeriez...

ATHOS.

Qui ?...

L'HOTE

La petite dame du premier, qui a retenu la chambre au-dessus de celle-ci pour elle toute seule.

ATHOS.

Pour elle toute seule.

L'HOTE.

Oui, et pour un cavalier qui doit venir la rejoindre.

ATHOS.

Chut ! cela ne nous regarde pas.

L'HOTE.

Bravo, voilà votre vin, si vous n'en avez pas assez, vous en redemanderez.

Il sort à la porte, il rencontre Rochefort.

SCÈNE II.

LES MÊMES, ROCHEFORT, *à la porte au fond, le Cardinal avec deux gardes.*

ROCHEFORT.

Ici, l'ami !

L'HOTE.

Qu'y a-t-il?

ROCHEFORT.

Cette auberge est celle du Colombier-Rouge

L'HOTE.

Vous voyez bien...

ROCHEFORT.

Vous avez dans une chambre, au premier, une femme qui attend ?

L'HOTE.

Êtes-vous celui...

ROCHEFORT.

Non...

L'HOTE.

Eh bien ! alors !...

ROCHEFORT.

Silence ! (*Il va au fond s'adressant à un homme qui est au milieu de deux hommes.*) Venez, monseigneur.

LE CARDINAL.

Elle est arrivée?

ROCHEFORT.

Elle attend votre Eminence.

LE CARDINAL.

Indiquez-moi le chemin.

L'HOTE.

Oh ! il n'y a pas à se tromper, prenez cet escalier, suivez le balcon extérieur, la première porte à gauche.

LE CARDINAL.

Merci :

Il monte.

ROCHEFORT, *à l'hôte.*

Maintenant, mon ami, allez à vos affaires.

L'HOTE.

A mes affaires !

ROCHEFORT.

Oui, vous devez en avoir, allez !

MILADY, *à la fenêtre.*

Venez, monseigneur, par ici...

Athos a écouté à la porte. Aramis frappe à la fenêtre de gauche.

ATHOS.

Voyez qui frappe à la fenêtre, Porthos.

ARAMIS, *dehors.*

Moi... Aramis.

ATHOS.

Ouvrez, Porthos.

Aramis rentre par la fenêtre.

PORTHOS.

Pourquoi rentrez-vous par la fenêtre?

ARAMIS.

Parce que c'était dangereux de rentrer par la porte.

ATHOS, *à Aramis.*

Avez-vous vu le chef de la troupe.

ARAMIS.

Oui, aux rayons de la lune, il a ouvert son manteau, un seul instant, mais cela a suffi.

ATHOS.

C'est le Cardinal, n'est-ce pas?

ARAMIS.

C'est le Cardinal...

PORTHOS.

Le Cardinal! oh!

ATHOS.

Et les autres?

ARAMIS.

Le comte de Rochefort, et deux gardes de son Eminence, et comme ils sont là, je suis rentré par la fenêtre, afin de n'être pas vu d'eux.

PORTHOS.

Je comprends, et quand on pense que cela ne me serait pas venu à l'idée, à moi.

ATHOS, *écoutant.*

Il est là-haut... Porthos, enlevez le poële, et mettez-le où vous voudrez.

PORTHOS.

Le poële?

ATHOS.

Faites, je vous prie.

Porthos enlève le poële.

MILADY.

Oh! nous sommes bien seuls, monseigneur, ne craignez rien.

LE CARDINAL.

N'importe, on ne saurait prendre trop de précautions.

ATHOS, ~~*écoutant par le tuyau*~~

Un véritable tuyau d'orgue.

ARAMIS.

Vous entendez ce qu'ils disent?

ATHOS.

Je n'en perdrai pas un mot.

PORTHOS.

Ah! je comprends, voilà pourquoi vous me disiez...

ATHOS.

Porthos, buvez ce vin ou videz les bouteilles par la fenêtre.

PORTHOS.

Vider les bouteilles?

ARAMIS.

Il faut que nous ayons l'air d'avoir bu.

PORTHOS.

Oui, oui, oui.

LE CARDINAL.

Asseyons-nous, milady, et causons.

ATHOS.

Oh!

MILADY.

J'écoute votre Éminence.

ATHOS.

Oh! cette voix!

LE CARDINAL.

Vous connaissez l'importance et la mission que l'on vous confie?

MILADY.

Oui, mais veuillez me donner mes instructions clairement... monseigneur, je tiens à justifier votre confiance.

ATHOS.

Fermez la porte au verrou, Aramis.

LE CARDINAL.

Vous allez partir pour Londres.

MILADY.

Si vous m'envoyez près du duc de Buckingham, monseigneur, prenez garde, c'est moi qui, rue de La Harpe, lui ai présenté le mouchoir que devait lui présenter la petite Bonacieux... il... il pourra bien me reconnaître.

LE CARDINAL.

Peu importe, il n'y aura même point de mal qu'il sache que vous êtes à moi.

MILADY.

Alors, c'est une négociation à découvert que j'entreprends, et je puis me présenter franchement et loyalement à lui.

LE CARDINAL.

Oui, franchement et loyalement comme toujours.

MILADY.

Parlez, monseigneur, je suivrai à la lettre les ordres de Votre Eminence.

ARAMIS *à Porthos, qui a débouché une bouteille.*

Chut! donc, Porthos!

PORTHOS.

Mais Athos m'a dit de vider les bouteilles, je les vide.

LE CARDINAL.

Vous irez trouver Buckingham de ma part; vous lui direz que je sais tous les préparatifs qu'il fait, mais que je ne m'en inquiète guère, attendu qu'à son premier mouvement je perds la Reine!

MILADY.

Croira-t-il Votre Éminence en mesure d'accomplir cette menace?

LE CARDINAL.

Vous lui direz que j'ai des preuves, et, quand il saura que cette guerre qu'il entreprend peut coûter l'honneur et même la liberté à la dame de ses pensées, je vous réponds, moi, qu'il y regardera à deux fois.

MILADY.

Et cependant, s'il persiste?

LE CARDINAL.

Ce n'est pas probable.

MILADY.

C'est possible.

LE CARDINAL.

S'il persiste... eh bien! je mettrai mon espoir dans un de ces événements qui changent la face des Etats.

MILADY.

Votre Éminence veut parler du coup de couteau de Ravaillac.

LE CARDINAL.

Justement.

MILADY.

Mais votre Éminence ne craint-elle pas que le supplice de Ravaillac épouvante ceux qui auraient eu un instant l'intention de l'imiter?

LE CARDINAL.

Il y a en tout temps et dans tous les pays, surtout si ces pays sont divisés de religion, comme l'Angleterre, par exemple, il y a, dis-je, des fanatiques qui ne demandent pas mieux que de se faire martyrs.

MILADY.

Ah! vous croyez que l'on pourrait trouver de pareils hommes?

LE CARDINAL.

Tenez, justement, le bâtiment que vous allez prendre à Boulogne pour aller à Londres est un sloop marchand, commandé par un homme de cette sorte.

MILADY.

Vous le connaissez pour un ennemi de milord?

LE CARDINAL.

Oh! de longue main.

MILADY.

Comment s'appelle-t-il?

LE CARDINAL.

Felton.

MILADY.

Ah!

LE CARDINAL.

Ce Felton, sous son masque de puritain, cache une âme de feu : il ne faudrait qu'une femme jeune, belle, adroite pour monter la tête à un pareil homme.

MILADY.

Oui... et cette femme peut se rencontrer?

LE CARDINAL.

Eh bien! une pareille femme, qui mettrait le couteau de Jacques Clément ou de Ravaillac aux mains de ce fanatique... cette femme sauverait la France.

MILADY.

Oui, mais elle serait la complice d'un assassinat.

LE CARDINAL.

Que lui faudrait-il pour la rassurer?

MILADY.

Je crois qu'il lui faudrait un ordre qui ratifiât d'avance tout ce qu'elle croirait devoir faire pour le bonheur de la France.

LE CARDINAL.

Le tout est de trouver cette femme.

MILADY.

Je la trouverai.

LE CARDINAL.

Alors cela va à merveille, si l'homme est trouvé par moi et la femme par vous.

MILADY.

Oui, il ne reste que l'ordre.

LE CARDINAL.

Un ordre dans le genre de celui-ci?

Il écrit un ordre.

MILADY. *Elle se lève et lit par dessus l'épaule du C.*

Oui ; et maintenant que j'ai reçu les instructions de monseigneur à propos de ses ennemis, je veux dire les ennemis de la France son Éminence me permettra-t-elle de lui dire deux mots des miens.

LE CARDINAL.

Vous avez donc des ennemis?

MILADY.

Oui, monseigneur, et des ennemis contre lesquels vous me devez tout votre appui, car je me les suis faits en servant votre Éminence.

LE CARDINAL.

Nommez-les moi.

MILADY.

Il y a déjà cette petite intrigante de Bonacieux.

LE CARDINAL.

Ah! ah! la Reine se doutait de quelque chose à son sujet, car elle l'a fait partir cette nuit pour le couvent des Carmélites de Béthune...

MILADY.

Des Carmélites de Béthune?

LE CARDINAL.

Vous connaissez le pays?

MILADY.

Je l'ai habité... L'autre ennemi...

LE CARDINAL.

Ah! il y en a deux?

MILADY.

Ah! votre Eminence le connaît bien... c'est notre mauvais génie à tous deux, c'est celui qui, dans la rencontre avec les gardes de votre Eminence, a blessé si cruellement M. de Jussac... c'est celui qui, lorsque tout était préparé pour prendre le duc dans cette maison de la rue des Fossoyeurs, est venu mettre en fuite les agents de votre Eminence et nous a fait manquer le coup.

LE CARDINAL.

Ah! je sais de qui vous voulez parler.

MILADY.

Je veux parler de ce misérable d'Artagnan.

Les gardes ont allumé un petit feu – de temps en temps Rochefort a été se chauffer les pieds –

LE CARDINAL.

C'est un hardi compagnon.

MILADY.

Il n'en est que plus à craindre.

LE CARDINAL.

Mais il me faudrait des preuves de ses intelligences avec Buckingham.

MILADY.

Des preuves ! j'en aurai dix.

LE CARDINAL.

Oh ! mais alors, c'est la chose la plus simple ; donnez-moi ces preuves, et je l'envoie à la Bastille.

MILADY.

Et ensuite ?

LE CARDINAL.

Quand on est à la Bastille, il n'y a pas d'ensuite.

MILADY.

Monseigneur, troc pour troc, existence pour existence, homme pour homme ; donnez-moi d'Artagnan, je vous donne Buckingham.

LE CARDINAL.

Je ne sais ce que vous voulez dire, milady, mais, comme j'ai le désir de vous être agréable, voici le papier que vous m'avez demandé.

MILADY.

Merci, monseigneur.

PORTHOS.

Avez-vous entendu ?

ARAMIS.

Oh ! l'atroce créature !

ATHOS.

C'est bien, ne bougez pas.

PORTHOS.

Quoi ?

ATHOS.

Le reste me regarde !

ARAMIS.

Vous sortez ?

ATHOS.

Oui, mais restez ici.

PORTHOS.

Vous vous chargez donc...

ATHOS.

Je me charge de tout.

ARAMIS.

Devons-nous écouter encore ?

ATHOS.

Oui, si cela peut vous intéresser.

Il sort par la fenêtre.

LE CARDINAL, *qui a repris son manteau.*

Eh bien ! c'est donc convenu, madame ?

MILADY.

C'est convenu, monseigneur.

LE CARDINAL.

Vous avez une chaise de poste ?

MILADY.

A cent pas d'ici.

LE CARDINAL.

Des relais sont préparés tout le long de la route, le sloop du capitaine Felton vous attend ; si vous avez bon vent, vous pouvez être arrivée à Londres demain soir.

MILADY.

J'y serai.

LE CARDINAL.

Aussitôt arrivée, vous me donnerez de vos nouvelles et me direz ce que vous avez fait pendant la route.

MILADY.

Par qui ?

LE CARDINAL.

Que cela ne vous inquiète pas, au moment où vous aurez besoin d'un messager, ce messager se présentera.

MILADY.

Comment le reconnaîtrai-je ?

LE CARDINAL.

Il vous dira La Rochelle.

MILADY.

Et je répondrai ?

LE CARDINAL.

Portsmouth, vous pourrez lui remettre votre lettre.

MILADY.

C'est bien. Adieu, monseigneur.

LE CARDINAL.

Au revoir, madame.

MILADY, *à son tour, fait ses préparatifs et lit le billet.*

« C'est par mon ordre et pour le bien de » l'état que le porteur du présent a fait ce » qu'il a fait... Richelieu.. » (*parlé*). Pas de date, à merveille, avec cela, la vengeance est sûre et n'est plus dangereuse...

Pendant ce temps, Richelieu est descendu, a rejoint ses compagnons qui s'éloignent avec lui, Aramis et Porthos restent.

SCÈNE IV.

ATHOS, MILADY.

ATHOS *entrant et refermant la porte sur lui.*

MILADY.

Qui êtes-vous et que voulez-vous ?

ATHOS.

A nous deux (*laissant tomber son manteau, levant son feutre. Milady fait un pas en arrière*). Ah ! je vois que vous me reconnaissez.

MILADY.

Le comte de La Fère.

ATHOS.

Oui, milady, le comte de La Fère en personne qui revient tout exprès de l'autre monde pour avoir le plaisir de vous revoir... asseyons-nous, madame, et causons, comme dit M. le Cardinal.

MILADY, ~~tombant sur un fauteuil.~~

Oh ! mon Dieu !

ATHOS.

Vous êtes donc le démon sur la terre? Heureusement avec l'aide de Dieu, les hommes ont parfois vaincu le démon, vous vous êtes déjà trouvée sur mon chemin, et je croyais vous avoir terrassée, madame, mais ou je me trompais, ou l'enfer vous a ressuscitée...

MILADY.

Ah !

Elle s'enveloppe dans sa coiffe.

ATHOS.

Oui, l'enfer vous a ressuscitée, l'enfer vous a faite riche, l'enfer vous a donné un autre nom, l'enfer vous a refait même un autre visage... mais il n'a effacé ni la souillure de votre âme... ni la flétrissure de votre corps.

MILADY.

Monsieur.

Elle se lève. Athos reste assis.

ATHOS.

Vous me croyiez mort, n'est-ce pas?

MILADY.

Mais enfin, qui vous ramène vers moi, que voulez-vous?

ATHOS.

Je veux vous dire que tout en restant invisible à vos yeux, je ne vous ai pas perdu de vue.

MILADY.

Vous savez ce que j'ai fait?

ATHOS.

Non seulement ce que vous avez fait, mais ce que vous voulez faire.

MILADY.

Oh !

ATHOS.

Vous doutez.. bien ! écoutez alors : vous êtes passée en Angleterre; en quittant la France, vous y avez épousé lord de Winter, baron de Clarick; au bout de deux ans il est mort... d'une maladie singulière, qui laisse des taches bleues par tout le corps : par cette mort, vous êtes devenue la tutrice de votre fils et l'héritière de lord Winter, puis vous êtes revenue en France, vous vous êtes mise au service du Cardinal; c'est vous qui avez porté à Londres la fameuse lettre de la Reine, qui a fait venir milord Buckingham à Paris; c'est vous qui avez porté rue de La Harpe, le mouchoir qui devait faire tomber le duc dans un piége; c'est vous qui, croyant recevoir dans votre chambre le comte de Wardes, y avez reçu le chevalier d'Artagnan, auquel vous en voulez, moins encore d'avoir surpris votre terrible secret, que de n'avoir pas tué lord de Winter votre beau-frère, dont votre fils se fût trouvé l'héritier; c'est vous enfin, qui venez dans cette chambre, assise sur ce même fauteuil où vous êtes assise; c'est vous qui venez de prendre avec le Cardinal, l'engagement d'assassiner M. de Buckingham, en échange de la promesse qu'il vous a faite de vous laisser assassiner d'Artagnan.

MILADY.

Mais vous êtes donc Satan ?

ATHOS. *il se lève*

Peut-être; mais en tout cas, écoutez bien ceci : assassinez ou faites assassiner M. de Buckingham, peu m'importe, je ne le connais pas, et d'ailleurs, c'est un anglais, mais ne touchez pas du bout du doigt à un seul cheveu de d'Artagnan qui est un fidèle ami que j'aime et que je défends, ne touchez pas à quelqu'un des siens, ou je vous le jure, par la mémoire de mon père, le crime que vous aurez tenté de commettre ou que vous aurez commis sera le dernier.

MILADY.

M. d'Artagnan m'a cruellement offensée; M. d'Artagnan mourra.

ATHOS.

Ne répétez pas cette menace, madame.

MILADY.

Il mourra ! lui, d'abord; elle, ensuite.

ATHOS. *il s'avance, elle traverse rapidement pour ouvrir la porte*

Oh ! prenez garde... voilà le vertige qui me prend (*Il prend un pistolet à sa ceinture et froidement*). Madame, vous allez à l'instant me remettre le papier que vous a signé le Cardinal ! ou sur mon âme, je vous fais sauter la cervelle. *elle reste le dos appuyé à la porte*

MILADY.

Non !

ATHOS, *levant son pistolet.*

Vous avez une seconde pour vous décider... ✗

Milady tire le papier de sa poitrine et le laisse tomber en grinçant des dents. ✗✗

ATHOS *le ramasse et lit.*

« C'est par mon ordre et pour le bien de « l'Etat que le porteur du présent a fait ce qu'il « a fait... Richelieu »... (*Il reprend son manteau et son feutre.*) Et maintenant, maintenant que je t'ai arraché les dents, vipère ! mords, si tu peux.

MILADY ~~se roulant~~ *tombe sur le fauteuil*

Ah !

ATHOS *s'élance hors de la chambre.* *il tire la porte*

ARAMIS.

Que diable cette femme peut-elle être à Athos ?

PORTHOS. ~~[illegible]~~

Je crois que c'est sa tante.

Athos reparaît [illegible]

✗ il lève son pistolet et comme elle hésite encore il abaisse par degrés jusque devant la figure de M. alors ✗✗ sans la perdre de vue il met un genou en terre, la tient toujours en joue et ramasse de la main g. puis à reculons il arrive près de la lumière

ONZIÈME TABLEAU.

Portsmouth.

Le Port d'un côté, la tente de Buckingham ; de l'autre, une espèce de bâtisse qui peut servir de taverne aux matelots. — Outre cette bâtisse et la tente, un espace praticable.

Milady écrit dans la taverne.

SCÈNE PREMIÈRE.

MILADY, LORD WINTER, UN CAPITAINE, UN HOMME, BUCKINGHAM, PATRICK, FELTON, D'ARTAGNAN.

WINTER, *sortant à reculons de la tente.*

Oui, milord, il sera fait comme Votre Grâce le désire... (*Appelant*). Monsieur le capitaine du port?

LE CAPITAINE *du port sortant ~~d'une barque qui attend avec des rameurs.~~*

Votre Honneur?

LORD WINTER.

Sa grâce, lord Buckingham, recevra ce matin les officiers de la flotte... puis, vers midi elle passera sur le vaisseau amiral.. ce soir, nous levons l'ancre.

Bien, Votre Honneur.

LORD WINTER.

Quoi de nouveau?

Honneur veut-il passer dans mon canot?

WINTER.

Je vais avec vous.

Ils sortent.

MILADY, *lisant ce qu'elle écrit.*

« Monseigneur le Cardinal... tout s'est passé comme votre Excellence l'avait prévu... Le capitaine du sloop qui m'a conduite en Angleterre est non-seulement un hardi marin, qui a fait la traversée en neuf heures, mais encore un puritain exalté, qui a une injure personnelle à venger, et qui prie Dieu chaque soir de lui épargner un crime en ne le mettant point en face du duc... Felton, pendant la traversée, s'est appitoyé sur mes malheurs... Je lui ai raconté, sans le lui nommer, qu'un seigneur anglais m'avait séduite et lâchement abandonnée... que la soif d'une vengeance terrible me conduisait en Angleterre... Felton a pleuré avec moi... j'ai chanté des psaumes avec lui... nous nous appelons frère et sœur...

23 août 1624,
...te sur le port,
voile pour la
à temps pour
rois qu'il n'ap-
pitamment ces
n me servant,
le notre chiffre
M. Felton qui,
enir reprendre
capitaine du
n'ai point en-
otre Eminence

l d'elle.

?

is voudrez.

insport?

là bas... mais

ine barque, qui

ONZIÈME TABLEAU.

Portsmouth.

Le Port d'un côté, la tente de Buckingham ; de l'autre, une espèce de bâtisse qui peut servir de taverne aux matelots. — Outre cette bâtisse et la tente, un espace praticable.

Milady écrit dans la taverne.

SCÈNE PREMIÈRE.

MILADY, LORD WINTER, UN CAPITAINE, UN HOMME, BUCKINGHAM, PATRICK, FELTON, D'ARTAGNAN.

WINTER, *sortant à reculons de la tente.*

Oui, milord, il sera fait comme Votre Grâce le désire... (*Appelant*). Monsieur le capitaine du port?

LE CAPITAINE *du port sortant ~~d'une barque qui attend avec des rameurs.~~*

Votre Honneur?

LORD WINTER.

~~Sa grâce,~~ lord Buckingham, recevra ce matin ~~les officiers de~~ la flotte.. puis, vers midi elle passera sur le vaisseau amiral.. ce soir, nous levons l'ancre.

Bien, Votre Honneur.

LORD WINTER.

Quoi de nouveau?

LE CAPITAINE.

Un sloop arrivé dans la nuit.

LORD WINTER.

De quelle nation?

LE CAPITAINE.

Anglais.

LORD WINTRR.

De guerre ou de commerce?

LE CAPITAINE.

De commerce.

LORD WINTER.

Capitaine?

LE CAPITAINE.

Felton.

LORD WINTER.

Attendez donc... ce Felton, n'est-ce point un ancien officier de la marine royale?

LE CAPITAINE.

Oui, Votre Honneur... réformé par milord duc de Buckingham pour cause d'indiscipline.

~~LORD WINTER.~~

Amenait-il des passagers?

LE CAPITAINE.

Une femme... Au reste, j'aurai l'honneur de mettre sous les yeux de Milord le livre du capitaine Felton, qui doit venir le reprendre et signer au registre.

LORD WINTER.

~~Montrez~~-moi ce registre.

LE CAPITAINE.

L'apporterai-je à Votre Honneur, ou Votre Honneur veut-il passer dans mon canot?

WINTER.

Je vais avec vous. ++

Ils sortent.

MILADY, *lisant ce qu'elle écrit.*

« Monseigneur le Cardinal... tout s'est passé comme votre Excellence l'avait prévu... Le capitaine du sloop qui m'a conduite en Angleterre est non-seulement un hardi marin, qui a fait la traversée en neuf heures, mais encore un puritain exalté, qui a une injure personnelle à venger, et qui prie Dieu chaque soir de lui épargner un crime en ne le mettant point en face du duc... Felton, pendant la traversée, s'est appitoyé sur mes malheurs... Je lui ai raconté, sans le lui nommer, qu'un seigneur anglais m'avait séduite et lâchement abandonnée... que la soif d'une vengeance terrible me conduisait en Angleterre... Felton a pleuré avec moi... j'ai chanté des psaumes avec lui... nous nous appelons frère et sœur... Cécily et Felton... Aujourd'hui 23 août 1624, le duc, qui a fait dresser sa tente sur le port, espère appareiller et faire voile pour la France. Je suis donc arrivée à temps pour dire à votre Eminence que je crois qu'il n'appareillera pas... J'envoie précipitamment ces nouvelles à votre Eminence en me servant, pour correspondre avec elle, de notre chiffre habituel... J'attends, au reste, M. Felton qui, à neuf heures du matin, doit venir reprendre son registre de bord chez le capitaine du port... Il est moins un quart, je n'ai point encore aperçu le messager que votre Eminence m'avait promis. » +++

UN HOMME, *s'approchant d'elle.*

La Rochelle.

MILADY.

Portsmouth.

L'HOMME.

J'attends.

MILADY.

Vous partez pour la France?

L'HOMME.

Je pars pour le pays que vous voudrez.

MILADY.

Vous avez des moyens de transport?

L'HOMME.

Une barque ici, des relais là bas... mais vous, madame?

MILADY.

Il me faut comme à vous une barque, qui

fond de mer

terrain en passage

1 factionnaire — 1 factionnaire

Cabane — Sortie — ouverture

rideaux — rideaux — Porte Ad.

× Winter sort de la 1 partie de la tente et tient les rideaux ouverts — il descend et appelle au fond à D.
Le Capitaine sort du plan libre derrière la Cabane

Winter 1 — Le Cap. 2

Milady dans la Cabane écrit le dos tourné à la tente

++ derrière la cabane.

+++ 2 hommes entrant dans la cabane par le 3e P. à droite —

2e homme — milady — 1er homme

qu'au premier ordre me fasse sortir du port et me conduise au premier bateau pêcheur avec lequel je m'entendrai... voilà la dépêche, allez; que faites-vous?

L'HOMME.

Cet homme part à ma place.

MILADY.

Vous avez confiance en lui?

L'HOMME.

Comme en moi-même.

MILADY.

C'est bien.

L'HOMME.

Je reste aux ordres de Milady.

MILADY.

Tenez-vous aux environs de la tente du duc, et tâchez de me comprendre sur un signe... de m'obéir sur un mot.

DE WINTER, *qui est revenu frapper au second compartiment, à Buckingham qui apparaît.*

Votre Grâce était enfermée?

BUCKINGHAM, *riant.*

Oui, je faisais ma prière.

DE WINTER.

Je ne croyais pas milord si dévot.

BUCKINGHAM.

Oh! je ne vous dis pas à quel saint.

DE WINTER.

Ou à quelle sainte.

BUCKINGHAM.

Chut... ne parlons plus de nos péchés de jeunesse... oh! la magnifique mer! le beau ciel, mon cher lord!

MILADY.

Le voilà!

BUCKINGHAM.

Vous ne sauriez croire combien je suis heureux, je pars avec une joie d'enfant.

A l'apparition de milord duc, les clairons sonnent et les tambours battent.

DE WINTER.

Entendez-vous, milord? les sentinelles qui veillent à votre tente ont fait un signe, et l'on bat aux champs.

BUCKINGHAM.

Mais c'est un honneur royal, de Winter.

DE WINTER.

Eh! n'êtes-vous pas le véritable roi?

MILADY.

Sortirait-il par hasard?.. (*elle va à la porte*) et Felton qui ne vient pas!

WINTER.

Vous plaît-il, milord, de vous approcher jusqu'aux rampes de la jetée pour voir votre belle flotte?

BUCKINGHAM.

Oui, donnez-moi votre bras, milord?

CRIS.

Vive Buckingam!

DE WINTER.

Voyez cette forêt de mâts, monseigneur, voyez cette fourmillière de marins.

CRIS.

Vive le duc de Buckingham! vive milord duc!

DE WINTER.

Entendez-vous! entendez-vous!

BUCKINGHAM.

Merci, mes amis, merci!..

DE WINTER.

Milord a-t-il encore besoin de moi?

BUCKINGHAM.

Non, mon cher de Winter, donnez des ordres pour la réception des officiers, et pour le départ de ce soir... puis revenez.

DE WINTER.

Dans une demi-heure, je serai de retour.

BUCKINGHAM, *aux sentinelles.*

N'écartez personne... ces braves gens veulent me voir... est-ce un crime? ce soir je pars pour la France... qu'ils connaissent au moins celui pour qui ils prieront, et qui va peut-être mourir pour eux!

CRIS.

Vive Buckingham! vive Georges de Villiers! vive milord duc!

BUCKINGHAM.

Merci, enfants, merci!.. David, préparez-moi les signatures... Patrick.

Patrick s'approche, le duc lui parle bas.

PATRICK.

Bien, monseigneur!

MILADY, *qui a regardé par la porte.*

Ah! que vois-je là-bas?.. ce costume noir... cette démarche grave et lente... c'est lui... il a bien tardé à venir... mais enfin le voilà... (*Bas.*) Felton! Felton!..

FELTON.

On m'appelle?

MILADY.

Oui, ici, venez!

FELTON.

Vous, Cecily!

MILADY.

Moi-même.

FELTON.

Que faites-vous ici seule?.. pourquoi cette pâleur, ce regard étincelant, ce couteau ouvert?

MILADY, *l'amenant à la fenêtre.*

Venez ici.

FETON.

Me voilà.

MILADY.

Regardez.

FELTON.

Cette tente... je la vois.

MILADY.

Reconnaissez-vous les armoiries qui la surmontent?

FELTON.

Celles de Georges de Villiers, duc de Buckingham.

+ Winter rentre et va frapper à la 2e partie de la tente

++ ils sortent le 1er par la porte donnant sur le théâtre le 2e par le 3e p. à D.

3 – Buckingham descend avec Winter – Winter – Buck.

4 – Winter arrondit et se trouve Buck – Winter

5. Les 2 sentinelles font un signe au lointain (tambours et clairons aux champs)

6. Cris vive Buckingham à D. & à G.

7. ils sont entrés par la petite porte à côté de la tente David prépare les papiers sur la table – Buckingham s'assied et signe des papiers.

8. Elle est sur le palier, Felton arrive par la gauche derrière la tente – les bras croisés, les regards à terre près des marches de la cabane milady lui parle bas.

9. il monte précipitamment – milady ferme la porte et passe derrière lui no 2 – (chauffer cette scène)

F. M.

Buck.

MILADY.

Je vous ai dit que j'étais venue chercher un ennemi en Angleterre.

FELTON.

Oui.

MILADY.

Un homme qui m'avait tout enlevé!.. honneur, avenir, fortune.

FELTON.

Cet homme, c'était...

MILADY.

Vous ne devinez pas?

FELTON.

Oh! le même... qui à moi aussi a tout enlevé... fortune, avenir, honneur.

MILADY.

Ai-je encore besoin de vous dire ce que je viens faire ici, et pourquoi ce couteau?

FELTON.

Non, je comprends... je comprends.

Il prend le couteau.

MILADY.

Que faites-vous?

FELTON.

A votre tour, vous ne devinez pas?

MILADY.

Felton! Felton! cet homme m'appartient.

FELTON.

Vous vous trompez, car il m'avait offensé avant de vous connaître.

MILADY.

Il est à moi.

FELTON.

Il est à nous... plus un mot... Le Seigneur m'a conduit ici par la main... loué soit le Seigneur. J'ai le bras d'un homme, et d'un homme offensé... et le poignard est mieux placé dans ma main que dans la vôtre... Regagnez le pont, et embarquez-vous... et le premier oiseau de mer qui volera vers la France vous portera la nouvelle de la mort de Buckingham.

MILADY.

Oh! non, à chacun sa tâche... Si je vous laisse accomplir la mienne, Felton, ce ne sera pas pour vous abandonner dans le péril... je ne quitterai pas l'Angleterre sans mon ami... sans mon frère... sans mon héros... Votre sloop est sous voile et vous attend... il nous a apportés... il nous remportera.

FELTON.

Mais si Dieu me livre aux Philistins?

MILADY.

Votre sœur est avec vous pour l'éternité.

FELTON.

Merci... je vais invoquer le Seigneur... Ma sœur, laissez-moi seul en sa redoutable présence.

MILADY.

Au revoir, mon frère.

Elle s'arrête au fond.

FELTON, *s'agenouillant.*

Seigneur, tu as jugé le juge, tu as condamné le tyran... le nombre de ses jours est compté.. donne-moi la force pour exécuter la sentence.

BUCKINGHAM, *agenouillé.*

Mon Dieu, vous avez voulu que j'aimasse uniquement en ce monde celle dont voici l'image... faites-moi vivre, mon Dieu, si elle doit m'aimer comme je l'aime... faites-moi mourir si je dois être privé de son amour.

Rumeur derrière la tente; Milady rentre vivement.

FELTON.

Eh bien! qu'y a-t-il?

MILADY.

Un cheval emporté... un homme qui vient de ce côté... je ne sais, mais... Un rassemblement! je crains d'être reconnue.

FELTON.

Reconnue!

MILADY.

Non, remarquée.

Rumeur croissante.

LA SENTINELLE.

Je vous dis qu'on ne passe pas!

D'ARTAGNAN.

Je vous dis que je passerai... Mordieu! je veux parler au duc de Buckingham; faites-moi place, ou sinon...

FELTON.

Entendez-vous?

MILADY.

Oui, il me semble que je connais cette voix.

LE DUC, *sur le seuil.*

Qu'y a-t-il?

D'ARTAGNAN.

Dites-lui que c'est un gentilhomme français qui a crevé trois chevaux de Douvres à Portsmouth; dites-lui mon nom s'il le faut: M. d'Artagnan.

MILADY.

D'Artagnan!

LE DUC.

Un gentilhomme français... M. d'Artagnan (*sortant*): Me voici!

D'ARTAGNAN.

Milord! milord! à moi!..

LE DUC.

Laissez passer! laissez passer! Ne vous ai-je pas dit qu'aujourd'hui tout le monde était libre de venir jusqu'à moi?... vous, ici, monsieur!... j'espère qu'il n'est pas arrivé malheur à la Reine!

D'ARTAGNAN.

Je ne crois pas, milord... seulement je sais qu'elle court quelque grand péril dont votre Grâce seule peut la sauver.

LE DUC.

Moi!... de l'autre côté de la mer, je serais assez heureux pour lui être bon à quelque chose... ah! parlez! parlez!

D'ARTAGNAN.

Prenez cette lettre.

LE DUC.

Cotte lettre... et de qui est-elle?

D'ARTAGNAN.

D'elle.

LE DUC.

De la Reine... mon Dieu!

Il chancelle.

D'ARTAGNAN.

Qu'avez-vous, milord?...

LE DUC, *tombant assis.*

Oh! je ne m'attendais pas à tant de bonheur! oh! je n'y vois plus!... (*Il lit.*) « Ces ferrets, ou je suis perdue!... ces ferrets, pour l'amour de moi... qui ait tant souffert pour vous! — Anne. » (*Parlé.*) Voyons, mon brave gentilhomme, que sais-tu de plus?

D'ARTAGNAN.

Rien, absolument.

LE DUC.

On l'a donc persécutée?

D'ARTAGNAN.

Je le suppose.

LE DUC.

Mais enfin, tu as appris...

D'ARTAGNAN.

Oui, milord, j'ai appris qu'il y a cent-vingt lieues pour aller d'ici à Paris... qu'il me reste vingt-quatre heures pour les faire.

LE DUC.

Dans une heure, tu repartiras.

D'ARTAGNAN.

Milord!...

LE DUC.

Oh! vous me laisserez bien le temps de joindre une ligne à ce coffret... David, prévenez l'amiral que je mets le meilleur voilier de l'escadre le *Britannia*, à la disposition de ce gentilhomme. Reposez-vous une heure, d'Artagnan, pour l'amour de votre Reine... une heure.

D'ARTAGNAN.

Reste à vingt-trois, milord, prenons garde!

LE DUC.

Patrick, que l'on serve ce gentilhomme comme moi-même.

PATRICK.

Oui, milord.

LE DUC, *le conduisant au fond, tire le coffret de l'autel.*

Tenez, les voici, ces précieux ferrets, qui devaient me suivre dans la tombe pendant l'éternité et que je n'aurai possédés qu'un instant... elle me les avait donnés, elle me les reprend... Sa volonté, comme celle de Dieu, soit faite en toute chose.

PATRICK.

Son Honneur est servi.

LE DUC.

Allez, mon cher chevalier... pendant que vous boirez un verre de vin de France, je lui écrirai, moi.

D'ARTAGNAN.

Milord, je n'ai pas besoin de vous dire que plus tôt vous me donnerez mon congé, plus tôt...

LE DUC.

Vous m'avez accordé une heure.

D'ARTAGNAN.

Soit, milord?... par ici?...

PATRICK.

Oui.

Ils sortent.

LE DUC, *seul.*

Oh! ma belle Majesté!... à nous deux!

Il s'assied et écrit.

MILADY.

Il est seul enfin... il écrit.

FELTON.

C'est l'heure marquée.

MILADY.

Va, Felton... va, sauveur de l'Angleterre.

Felton descend

LE DUC.

Qui êtes-vous? et que voulez-vous?

FELTON.

Me reconnaissez-vous, milord?

LE DUC.

Ah! vous êtes ce jeune marin que j'ai chassé de la marine royale?

FELTON.

La faute était légère et le châtiment a été grave, milord!

LE DUC.

C'est juste... vous venez réclamer... vous tombez bien, Felton, je suis dans un jour de bonheur... votre nom sera rétabli sur les cadres de l'armée... le second du Neptune s'est cassé la jambe hier... vous le remplacerez si vous êtes venu pour cela... allez.

FELTON.

Je n'étais pas venu pour cela.

LE DUC.

Et pourquoi étiez-vous venu?

FELTON.

Pour vous dire, milord, que vous allez entreprendre une guerre impie.

LE DUC.

Plaît-il?

FELTON.

Pour vous dire, que ce n'est ni le roi, ni l'Angleterre que vous défendez à cette heure, mais vos adultères amours que vous servez.

LE DUC.

Malheureux!

FELTON.

Pour vous dire que le Seigneur veut que vous renonciez à l'instant même à cette guerre fatale qui est la ruine de l'Angleterre, et qu'alors... alors je vous pardonnerai vos fautes passées, en mon nom et en celui de mes concitoyens.

LE DUC.

Cet homme est fou!

FELTON.

Il n'y a pas de fou, il n'y a d'insensé que celui qui fait semblant de ne pas m'entendre.

LE DUC.

Ah! retirez-vous, monsieur, ou j'appelle et je vous fais mettre aux fous!

D'ARTAGNAN.

Mo[redacted]eur !

LE DUC.

Et maintenant... vite, vite, le coffret... ma lettre à moitié écrite. Bon, tu rendras ce coffret à Sa Majesté, et comme souvenir (*Il lui montre le couteau.*) Tiens... (*Il tombe.*) Non, non, laissez-moi où je suis... Vas, vas, d'Artagnan, et dis-lui que mon dernier mot a été pour prononcer son nom... que mon dernier soupir. Ah ! son portrait... Eh bien ! cet ordre ?..

DAVID.

Je l'ai remis à lord de Winter lui-même.

LE DUC.

Son portrait... merci, merci... Pars, d'Artagnan.

LES DOMESTIQUES.

Mort !

LES GARDES, *amenant Felton.*

Viens ! misérable ! viens !

FELTON.

Mort !

MILADY.

Mort !... Maintenant, en France ! (*Un coup de canon.*) Qu'est-ce cela ?

LE PATRON DE LA BARQUE.

Milady, le port est fermé... la barque est occupée par la garde de la marine... impossible de fuir !

D'ARTAGNAN.

Place ! place !

MILADY.

D'Artagnan !

D'ARTAGNAN.

Oh ! je me doutais bien que ce monstre ne devait pas être loin.

MILADY.

Oh ! du moins, lui aussi restera en Angleterre.

LE CAPITAINE.

Monsieur d'Artagnan, *le Britannia* est sous voile et n'attend plus que vous.

MILADY.

Tu pars, d'Artagnan ? au revoir !

D'ARTAGNAN.

Oh ! milady !.. ah ! lâche assassin !.. Oui, sois tranquille !.. au revoir ! au revoir !

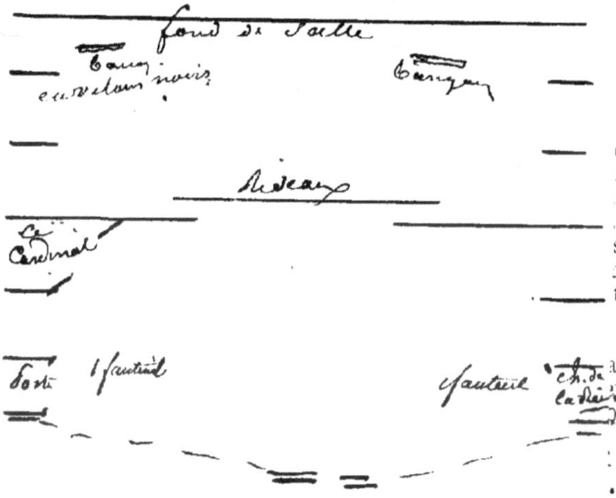

IE TABLEAU.

Le Ballet de la Merlaison.

Un cabinet dans l'Hôtel-de-Ville de Paris, séparé de la galerie par une large portière. Echevins, Dames, Gens de la cour dans la galerie.

SCÈNE PREMIÈRE.

TRÉVILLE, JUSSAC.

TRÉVILLE.

Un mousquetaire à cette porte (*un mousquetaire va prendre sa faction*) ; un garde française à celle-ci (*un garde se place*).

JUSSAC.

Et maintenant, un garde de son Éminence à cette porte.

FELTON.

Vous n'appellerez pas!

LE DUC.

Holà! Patrick! sentinelle! (*Felton le frappe.*) Ah! traître... tu m'as tué.

PATRICK.

Milord appelle?

LE DUC.

A moi! à moi!

PATRICK.

Au meurtre!

FELTON *se sauvant.*

Place au vengeur de l'Angleterre, place!

MILADY.

Sauvé! il est sauvé!

CRIS *au fond.*

Au meurtre! à l'assassin! courez! courez!.. c'est lui! lui! lui!..

MILADY.

Le canot, le canot, faites avancer le canot.

D'ARTAGNAN.

Milord! milord!

LE DUC.

Viens... viens, d'Artagnan.

D'ARTAGNAN.

Du secours!.. un médecin!..

LE DUC.

Inutile, inutile... avant l'arrivée du médecin, je serai mort... laissez-nous... laissez-nous... tiens, tiens, ce coffret, le voilà... c'est tout ce que j'avais d'elle... avec la lettre... la lettre... où est-elle? ah! que je la baise encore, avant que ma bouche se glace... que je la relise avant que mes yeux se ferment; d'Artagnan tu lui rendras ce coffret...

D'ARTAGNAN.

Milord... mon Dieu... si ce meurtrier était un ennemi de la Reine.. si on allait m'arrêter, m'assassiner... je ne crains rien pour moi, mais me prendre cette lettre, ce coffret...

LE DUC.

Oui, oui, tu as raison... David, écrivez... Ordre de fermer le port, de ne laisser sortir aucun bâtiment, pas même un canot, pendant trois jours... excepté, excepté *le Britannic*, qui conduira M. d'Artagnan... Donnez, donnez... que je signe (*Il signe.*) cet ordre à lord de Winter. David, allez... allez!

D'ARTAGNAN.

Mort, monseigneur!

LE DUC.

Et maintenant... vite, vite, le coffret... ma lettre à moitié écrite. Bon, tu rendras ce coffret à Sa Majesté, et comme souvenir (*Il montre le couteau.*) Tiens... (*Il tombe.*) Non, non, laissez-moi où je suis... Va, va, d'Artagnan, et dis-lui que mon dernier mot a été pour prononcer son nom... que mon dernier soupir... Ah! son portrait... Eh bien! cet ordre?..

DAVID.

Je l'ai remis à lord de Winter lui-même.

LE DUC.

Son portrait... merci, merci... Pars, d'Artagnan.

LES DOMESTIQUES.

Mort!

LES GARDES, *amenant Felton.*

Viens! misérable! viens!

FELTON.

Mort!

MILADY.

Mort!.. Maintenant, en France! (*Un coup de canon.*) Qu'est-ce cela?

LE PATRON DE LA BARQUE.

Milady, le port est fermé... la barque est occupée par la garde de la marine... impossible de fuir!

D'ARTAGNAN.

Place! place!

MILADY.

D'Artagnan!

D'ARTAGNAN.

Oh! je me doutais bien que ce monstre ne devait pas être loin.

MILADY.

Oh! du moins, lui aussi restera en Angleterre.

LE CAPITAINE.

Monsieur d'Artagnan, *le Britannia* est sous voile et n'attend plus que vous.

MILADY.

Tu pars, d'Artagnan? au revoir!

D'ARTAGNAN.

Oh! milady!.. ah! lâche assassin!.. Oui, sois tranquille!.. au revoir! au revoir!

DOUZIÈME TABLEAU.

Le Ballet de la Merlaison.

Un cabinet dans l'Hôtel-de-Ville de Paris, séparé de la galerie par une large portière. Echevins, Dames, Gens de la cour dans la galerie.

SCÈNE PREMIÈRE.

TRÉVILLE, JUSSAC.

TRÉVILLE.

Un mousquetaire à cette porte (*un mousquetaire va prendre sa faction*); un garde française à celle-ci (*un garde se place*).

JUSSAC.

Et maintenant, un garde de son Éminence à cette porte.

TRÉVILLE.

Plaît-il, monsieur, que faites-vous?

JUSSAC.

Monsieur, je place un de mes gardes ici.

TRÉVILLE.

Pardon, où sommes-nous, monsieur, s'il vous plaît?

JUSSAC.

Mais à l'Hôtel-de-Ville, monsieur.

TRÉVILLE.

Et pourquoi faire?

JUSSAC.

Nous y sommes venus au bal, monsieur, à un fort beau bal que les échevins donnent au Roi.

TRÉVILLE.

Et le Roi y vient, n'est-ce pas?

JUSSAC.

Certes, oui, monseigneur, puisque c'est à lui qu'on donne le bal.

TRÉVILLE.

Eh bien! monsieur, partout où le Roi vient, le Roi est chez lui, et chez le Roi, il n'y a d'autre garde que sa garde... c'est-à-dire les mousquetaires, les gardes françaises et les gardes suisses... Un garde suisse à la troisième porte.

Un Suisse prend sa faction.

JUSSAC.

Monsieur, je me plaindrai à son Éminence.

TRÉVILLE.

Comme il vous plaira, monsieur de Jussac.

SCÈNE II.

LES MÊMES, ROCHEFORT.

ROCHEFORT ET JUSSAC.

Et votre Éminence vous donnera tort, monsieur, puisque M. de Tréville a raison. (*A Tréville.*) Monsieur, je suis votre humble serviteur.

TRÉVILLE.

Et moi le vôtre, monsieur de Rochefort.

ROCHEFORT.

Belle fête, monsieur le capitaine, belle assemblée! Que de fleurs, que d'or et de buffets; on a bien raison de dire: la bonne ville de Paris, ah! c'est une ville de confitures!

TRÉVILLE.

Quelle est cette belle dame à qui l'on fait une entrée royale?

ROCHEFORT.

Madame la première présidente, monsieur, la maîtresse du logis, celle qui fera les honneurs à Sa Majesté la Reine.

TRÉVILLE.

M. le Cardinal viendra, je suppose?

ROCHEFORT.

Son Éminence est invitée, monsieur.

Rumeurs au loin.

ATHOS, *à Tréville.*

Pardon, monsieur, la consigne?

TRÉVILLE.

Ne laissez entrer dans cette salle que le Roi, la Reine, M. le Cardinal et les grands officiers, et, dans ce cabinet où s'habillera la Reine, personne que la Reine et ses dames.

ATHOS.

Bien!

TRÉVILLE.

Messieurs les gardes! messieurs les mousquetaires! voici le Roi qui monte.

Tambours éloignés, musique, acclamations.

SCÈNE III.

LES MÊMES, LE ROI, LE CARDINAL, *entrant de côté avec* ROCHEFORT.

ROCHEFORT, *au Cardinal.*

Venez par ici, monseigneur.

LE CARDINAL.

Combien avons-nous de temps avant l'ouverture du ballet?

ROCHEFORT.

Le temps nécessaire pour que le Roi et la Reine prennent leurs costumes de danseurs.

LE CARDINAL.

Et ils s'habilleront ici!

ROCHEFORT.

Le Roi, dans son cabinet au bout de la galerie, la Reine dans cette chambre en face de Votre Excellence.

UN HUISSIER.

Le Roi!

LE ROI *au fond.*

Messieurs les échevins de ma bonne ville de Paris, j'arrive un peu tard, excusez-moi, c'est la faute de M. le Cardinal qui m'a retenu.

LE CARDINAL *à Rochefort.*

C'est toujours ma faute!

ROCHEFORT.

Pas pour cette fois, je crois.

LE ROI *inquiet.*

Est-ce que M. le Cardinal n'est pas arrivé?

LE CARDINAL.

Sire, j'attendais le moment de présenter mes respects à Votre Majesté.

LE ROI.

Ah! monsieur le duc, je vous accusais pour m'excuser; le fait est, messieurs, que son Éminence aime mieux le travail que le bal... à quelle heure commence le ballet, messieurs?

UN ÉCHEVIN.

Sitôt que Sa Majesté la Reine sera arrivée, sire, et dès que Votre Majesté donnera ses ordres.

LE ROI.

Mes ordres! oh! vous êtes ici chez vous, messieurs, la Reine doit être en chemin pour venir.

LE CARDINAL.

Sa Majesté la Reine va-t-elle mieux, sire,

TRÉVILLE.

Plaît-il, monsieur, que faites-vous?

JUSSAC.

Monsieur, je place un de mes gardes ici.

TRÉVILLE.

Pardon, où sommes-nous, monsieur, s'il vous plaît?

JUSSAC.

Mais à l'Hôtel-de-Ville, monsieur.

TRÉVILLE.

Et pourquoi faire?

JUSSAC.

Nous y sommes venus au bal, monsieur, à un fort beau bal que les échevins donnent au Roi.

TRÉVILLE.

Et le Roi y vient, n'est-ce pas?

JUSSAC.

Certes, oui, monseigneur, puisque c'est à lui qu'on donne le bal.

TRÉVILLE.

Eh bien! monsieur, partout où le Roi vient, le Roi est chez lui, et chez le Roi, il n'y a d'autre garde que sa garde... c'est-à-dire les mousquetaires, les gardes françaises et les gardes suisses... Un garde suisse à la troisième porte.

Un Suisse prend sa faction.

JUSSAC.

Monsieur, je me plaindrai à son Éminence.

TRÉVILLE.

Comme il vous plaira, monsieur de Jussac.

SCÈNE II.

LES MÊMES, ROCHEFORT.

ROCHEFORT ET JUSSAC.

Et votre Éminence vous donnera tort, monsieur, puisque M. de Tréville a raison. (*A Tréville.*) Monsieur, je suis votre humble serviteur.

TRÉVILLE.

Et moi le vôtre, monsieur de Rochefort.

ROCHEFORT.

Belle fête, monsieur le capitaine, belle assemblée! Que de fleurs, que d'or et de buffets; on a bien raison de dire : la bonne ville de Paris, ah! c'est une ville de confitures!

TRÉVILLE.

Quelle est cette belle dame à qui l'on fait une entrée royale?

ROCHEFORT.

Madame la première présidente, monsieur, la maîtresse du logis, celle qui fera les honneurs à Sa Majesté la Reine.

TRÉVILLE.

M. le Cardinal viendra, je suppose?

ROCHEFORT.

Son Éminence est invitée, monsieur.

Rumeurs au loin.

ATHOS, *à Tréville.*

Pardon, monsieur, la consigne?

TRÉVILLE.

Ne laissez entrer dans cette salle que le Roi, la Reine, M. le Cardinal et les grands officiers, et, dans ce cabinet où s'habillera la Reine, personne que la Reine et ses dames.

ATHOS.

Bien!

TRÉVILLE.

Messieurs les gardes! messieurs les mousquetaires! voici le Roi qui monte.

Tambours éloignés, musique, acclamations.

SCÈNE III.

LES MÊMES, LE ROI, LE CARDINAL, *entrant de côté avec* ROCHEFORT.

ROCHEFORT, *au Cardinal.*

Venez par ici, monseigneur.

LE CARDINAL.

Combien avons-nous de temps avant l'ouverture du ballet?

ROCHEFORT.

Le temps nécessaire pour que le Roi et la Reine prennent leurs costumes de danseurs.

LE CARDINAL.

Et ils s'habilleront ici!

ROCHEFORT.

Le Roi, dans son cabinet au bout de la galerie, la Reine dans cette chambre en face de Votre Excellence.

UN HUISSIER.

Le Roi!

LE ROI *au fond.*

Messieurs les échevins de ma bonne ville de Paris, j'arrive un peu tard, excusez-moi, c'est la faute de M. le Cardinal qui m'a retenu.

LE CARDINAL *à Rochefort.*

C'est toujours ma faute!

ROCHEFORT.

Pas pour cette fois, je crois.

LE ROI *inquiet.*

Est-ce que M. le Cardinal n'est pas arrivé?

LE CARDINAL.

Sire, j'attendais le moment de présenter mes respects à Votre Majesté.

LE ROI.

Ah! monsieur le duc, je vous accusais pour m'excuser; le fait est, messieurs, que son Éminence aime mieux le travail que le bal... à quelle heure commence le ballet, messieurs?

UN ÉCHEVIN.

Sitôt que Sa Majesté la Reine sera arrivée, sire, et dès que Votre Majesté donnera ses ordres.

LE ROI.

Mes ordres! oh! vous êtes ici chez vous, messieurs, la Reine doit être en chemin pour venir.

LE CARDINAL.

Sa Majesté la Reine va-t-elle mieux, sire.

les hommes et les dames se lèvent — Tréville et Rochefort remontent et regardent à D. Rochefort disparaît et Athos s'approche

× Le Roi entre du fond à gauche — salue les mousquetaires qui ont le chapeau à la main les échevins ont précédé le roi et se placent au fond à droite. les dames aussi à droite

×× Rochefort disparaît à gauche.

LE ROI.

La Reine est toujours malade quand on la croit en bonne santé, en bonne santé quand on la croit malade.

LE CARDINAL.

Mais Sa Majesté vient au bal?

LE ROI.

J'y compte bien.

LE CARDINAL.

Elle ne viendra pas. (*Bruit, acclamation*).

LE ROI.

Ce doit être la Reine.

UN HUISSIER.

La Reine. (*Mouvement*).

SCENE IV.

LES MÊMES, LA REINE.

LA REINE.

Bonjour, messieurs. (*Elle regarde autour d'elle*). Rien! rien! personne.. plus d'espoir! Le Cardinal!

LE ROI.

Madame, je me suis excusé par le travail, moi, mais vous, quelle excuse aurez-vous d'avoir tardé?

LE CARDINAL.

Madame (*Il salue*) elle n'a pas les ferrets! madame peut donner une excuse bien naturelle, sa beauté, le soin de sa toilette, le temps qu'il a fallu pour lacer les manches avec ces ferrets.

LA REINE.

Implacable comme l'enfer.

LE ROI.

Mais non... ils n'y sont pas, madame, pourquoi donc, s'il vous plaît, n'avez-vous point vos ferrets de diamants, quand vous saviez qu'il m'eût été agréable de les voir.

LA REINE.

Sire.

LE ROI.

C'est moi qui vous ai fait ce cadeau, madame, je comptais vous en voir parée, vous avez tort.

LE CARDINAL.

On peut les envoyer chercher; où sont-ils?

LE ROI.

Oui, où sont-ils?

LA REINE.

Mais, au Louvre (*à part*) un peu de temps, un peu de temps; mon Dieu! Votre Majesté veut-elle?

LE ROI.

Oui, je le veux! car le ballet va commencer aussitôt que les danseurs seront habillés, aussitôt que vous serez prête vous-même.

LE CARDINAL.

D'ici à ce temps-là, elle prétextera un malaise, un évanouissement.

LE ROI.

Envoyez-vous au Louvre, madame?

LA REINE.

Je vais envoyer; oui, sire.

LE CARDINAL.

Et moi aussi.

Il salue et sort.

SCENE V.

LES MÊMES, *moins* LE CARDINAL.

LA REINE.

Vous n'avez pas eu pitié de moi, mon Dieu! je suis perdue.

TRÉVILLE.

Si je pouvais quelque chose pour le service de Sa Majesté.

LA REINE.

Vous ne pouvez rien, monsieur... rien.

TRÉVILLE.

Ah! madame!

LA REINE.

Attendez... connaissez-vous... un garde, un jeune homme?

TRÉVILLE.

Un jeune homme?

LA REINE.

Qui s'appelle d'Artagnan.

TRÉVILLE.

Qui m'a demandé un congé?

LA REINE.

Vous ne l'avez pas revu? il n'est pas de retour?

TRÉVILLE.

Non, madame. Athos, vous n'avez pas revu M. d'Artagnan?

ATHOS.

M. d'Artagnan?.. Non.

LA REINE.

C'est fini... c'est fini!

~~UNE CAMÉRISTE.~~

Le service de Sa Majesté.

La Reine entre à droite, les dames la suivent.

SCENE VI.

LES MÊMES; ROCHEFORT.

ROCHEFORT, *au fond.*

Messieurs, messieurs, un homme vient de monter par le petit escalier, a forcé le poste... il a renversé les factionnaires... on lui a crié de s'arrêter, il a poursuivi son chemin... Alarme! alarme!

TRÉVILLE.

Un homme!

ATHOS.

Un homme! nous le verrons.

D'ARTAGNAN, *entrant*, *bas à un garde.*

Camraade... camarade, votre mousquet.

ATHOS.

D'Artagnan!

TRÉVILLE.

D'Artagnan!

LA REINE, *sur le seuil du cabinet.*

D'Artagnan! mon Dieu! mon Dieu!

ROCHEFORT.

Mon gascon!... ah! c'est vous qui renversez les sentinelles?

D'ARTAGNAN.

Mon voleur!... Moi, quelles sentinelles? je n'ai rien renversé du tout.

ROCHEFORT.

Alors que faites-vous ici?

D'ARTAGNAN.

C'est mon tour de faction, je prends mon tour...

ROCHEFORT.

En cet état? poudreux, ruisselant de sueur? nous allons voir si c'est une tenue de bal!

... bas à Tréville.

ta

je
qu
cr

Oh

av

m
ce

kingham, qui m'a chargé de vous dire en mourant...

LA REINE.

Il est mort?

D'ARTAGNAN.

En prononçant le nom de Votre Majesté.

LA REINE.

Georges! que c'est cher l'amour d'une reine!

UN HUISSIER *dans la coulisse.*

Le Roi!..

LA REINE.

Les ferrets... vite... Estefana, gardez-moi ce coffre!

SCÈNE VIII.

LES MÊMES; LE ROI, ~~LE CARDINAL~~, TRÉVILLE.

n revenu du Lou-

L.

esté.

upéfait.

, merci. Que vou-
nsieur le Cardinal,

AL.

Comment lui sont-

couvre les habits
, monseigneur.

ville.
, savez-vous pour-

est une espièglerie
veut-elle le savoir?

tagnan.
n sauveur... mon

; Constance a dis-

vengeance du Car-
Carmélites de Bé-

ATHOS.

D'Artagnan!

TRÉVILLE.

D'Artagnan!

LA REINE, *sur le seuil du cabinet.*

D'Artagnan! mon Dieu! mon Dieu!

ROCHEFORT.

Mon gascon!... ah! c'est vous qui renversez les sentinelles?

D'ARTAGNAN.

Mon voleur!... Moi, quelles sentinelles? je n'ai rien renversé du tout.

ROCHEFORT.

Alors que faites-vous ici?

D'ARTAGNAN.

C'est mon tour de faction, je prends mon tour...

ROCHEFORT.

En cet état? poudreux, ruisselant de sueur? nous allons voir si c'est une tenue de bal!

LA REINE, *bas à Tréville.*

Oh! monsieur de Tréville!

TRÉVILLE, *à Rochefort.*

Monsieur, de quoi vous mêlez-vous? M. d'Artagnan est-il des vôtres?

ROCHEFORT.

Non, mais...

TRÉVILLE.

Il me plaît, à moi, qu'un garde de Sa Majesté soit couvert de poussière et de sueur, quand il a couru pour le service du Roi. Je crois que c'est moi qui commande ici!

ROCHEFORT.

C'est bien, monsieur, c'est bien. (*A part.*) Oh! gascon maudit.

Il regarde d'Artagnan.

ATHOS *à Rochefort.*

Eh bien! quoi?

D'ARTAGNAN.

Laissez donc, Athos, j'ai un compte ouvert avec monsieur.

TRÉVILLE.

Votre poste est ici, d'Artagnan.

D'ARTAGNAN, *bas à Tréville.*

Il va tout conter au Cardinal.

TRÉVILLE.

Je vous accompagne, M. de Rochefort.

Ils sortent.

SCÈNE VII.

LES MÊMES, LA REINE.

LA REINE.

Eh bien!

D'ARTAGNAN.

Voici le coffret, madame.

LA REINE.

Ah! je suis sauvée!.. mes ferrets!.. merci! merci! Un poignard!.. ciel, il y a du sang sur ce poignard.

D'ARTAGNAN.

Le sang de Georges Williers, duc de Buckingham, qui m'a chargé de vous dire en mourant...

LA REINE.

Il est mort?

D'ARTAGNAN.

En prononçant le nom de Votre Majesté.

LA REINE.

Georges! que c'est cher l'amour d'une reine!

UN HUISSIER *dans la coulisse.*

Le Roi!..

LA REINE.

Les ferrets... vite... Estefana, gardez-moi ce coffre!

SCÈNE VIII.

LES MÊMES; LE ROI, ~~LE CARDINAL~~, TRÉVILLE.

LE ROI.

Eh bien! madame! est-on revenu du Louvre!

LE CARDINAL.

On n'y a même pas été.

LE ROI.

Vous êtes prête, madame?

LA REINE.

Aux ordres de Votre Majesté.

LE CARDINAL, *stupéfait.*

Les ferrets!

LE ROI.

Ah! vous avez les ferrets, merci. Que vouliez-vous donc me dire, monsieur le Cardinal, au sujet de ces ferrets?

LE CARDINAL.

Bien, sire, rien. (*A part.*) Comment lui sont-ils revenus?

ROCHEFORT.

Regardez la poussière qui couvre les habits de ce garde... derrière moi, monseigneur.

LE CARDINAL.

Ah! c'est bien... venez.

LE ROI *à Tréville.*

Le Cardinal est tout pâle, savez-vous pourquoi?

TRÉVILLE.

Je crois que oui, sire, c'est une espièglerie de la Reine, Votre Majesté veut-elle le savoir?

LE ROI.

Ah! dites!

LA REINE, *à d'Artagnan.*

Comment remercier mon sauveur... mon héros, mon ami?

D'ARTAGNAN.

D'un seul mot, madame; Constance a disparu, où est Constance?

LA REINE.

Pour la soustraire à la vengeance du Cardinal, je l'ai envoyée aux Carmélites de Be-

× D'Artagnan sans chapeau, sans manteau tout couvert de poussière et ne pouvant plus se tenir entre comme un fou; se jette sur le garde française en faction, qui dans ce moment était remonté près de la porte, lui enlève son mousquet puis il prend sa faction à la porte du fond à gauche

×× rentre du fond — Rochefort — D'Artag. — athos

××× Tréville rentre aussi du fond descend à la Reine qui paraît sur le seuil de la porte 1er P. à droite. — Tréville — La Reine

×××× il s'avance vers Rochefort et le heurtant de poitrine à poitrine très fortement il le fait reculer, mais comme il est couvert de poussière il blanchit l'habit noir de Rochefort qui furieux sort par la porte de gauche.

5 il lui indique la porte de la Reine — La Reine est venue juste ici — ordre — athos — La Reine — D'Artagnan

6 — Elle se lève

7 une des ses femmes entre et lui attache les ferrets.

D'ARTAGNAN.

Merci, je suis payé.

LA REINE.

Ah! pas encore.

LE ROI, *à Tréville.*

De sorte que le Cardinal a été attrapé et qu'il enrage, c'est fort réjouissant. J'espère que vous me pardonnerez la plaisanterie des ferrets, n'est-ce pas?

LA REINE, *à part.*

La plaisanterie. (*Haut.*) Oui, sire.

LE ROI.

Venez-vous, madame? le ballet commence, l'air en est joyeux.

LA REINE, *appuyant la main sur son cœur.*

Très joyeux, oui, sire.

Elle étouffe un sanglot et tend la main au Roi.

D'ARTAGNAN.

Le mort est le plus heureux.

TREIZIÈME TABLEAU.

Le Couvent des Carmélites à Béthune. — Une Chambre.

SCÈNE PREMIÈRE.

ROCHEFORT, LA SUPÉRIEURE.

LA SUPÉRIEURE.

Vous avez fait demander la supérieure du couvent des Carmélites de Béthune, monsieur, me voici.

ROCHEFORT.

En effet, madame, j'ai à vous demander un renseignement.

LA SUPÉRIEURE.

Faites, monsieur.

ROCHEFORT.

Une femme de vingt-quatre à vingt-cinq ans, arrivant par la route de Boulogne ne s'est-elle pas arrêtée dans votre couvent.

LA SUPÉRIEURE.

Mais, monsieur, je ne sais si je dois répondre à une pareille question.

ROCHEFORT, *tirant un papier de sa poche.*

Ordre du Cardinal.

LA SUPÉRIEURE.

J'obéis, interrogez, monsieur.

ROCHEFORT.

Avez-vous reçu, oui ou non, madame, au couvent des Carmélites de Béthune, une femme de vingt-quatre à vingt-cinq ans arrivant par la route de Boulogne?

LA SUPÉRIEURE.

Oui, monsieur.

ROCHEFORT.

Quand cela?

LA SUPÉRIEURE.

Hier.

ROCHEFORT.

Faites-la prévenir qu'un messager de son Eminence veut lui parler.

LA SUPÉRIEURE.

Dans un instant elle sera près de vous, monsieur.

ROCHEFORT.

Merci.

SCÈNE II.

ROCHEFORT *seul, puis* MILADY.

ROCHEFORT.

Quel diable d'intérêt a-t-elle à venir s'enfermer dans ce couvent de Béthune? sans doute pour être près de la frontière; c'est une femme prudente que milady de Winter.

MILADY.

Ah! cest vous, comte. Eh bien! Qu'a dit le Cardinal de la mort de Buckingham.

ROCHEFORT.

Oh! il en est désespéré, comme chrétien; il est vrai que, comme politique, il ne peut pas s'empêcher de dire que c'est un grand bonheur.

MILADY.

Et qu'ordonne-t-il à mon égard?

ROCHEFORT.

Il approuve votre projet, et m'envoie vers vous, pensant que vous aurez bien des choses à me dire, que vous ne voudrez pas confier au papier.

MILADY.

Et il a raison.

ROCHEFORT.

Eh bien! dites...

MILADY.

La première, c'est que, comme je m'y attendais, j'ai retrouvé dans ce couvent la petite Bonacieux.

ROCHEFORT.

Vous vous êtes bien gardée de vous montrer à elle... je suppose.

MILADY.

Elle ne me connaît pas.

ROCHEFORT.

En ce cas, vous devez déjà être sa meilleure amie.

MILADY.

Justement.

ROCHEFORT.

Et comment vous y êtes-vous prise?

MILADY.

Je me suis présentée ici comme une victime du Cardinal.

ROCHEFORT.

Et la conformité de position.

MILADY.

Vous comprenez.

ROCHEFORT.

Si je comprends, je crois bien.

MILADY.

Au reste, votre visite va faire merveille.

ROCHEFORT.

En quoi!

MILADY.

En ce que vous allez dire, que vous avez découvert ma retraite et qu'on me viendra chercher demain ou après demain; j'ai des raisons pour ne pas rester à Béthune.

ROCHEFORT.

Diable! mais où vous retrouverai-je, si j'ai besoin de vous?

MILADY

Attendez... à Armentières.

ROCHEFORT.

Bien! vous n'avez pas autre chose à faire dire au Cardinal.

MILADY.

Dites-lui que notre conversation au Colombier-Rouge, a été entendue par trois mousquetaires du Roi, qu'après son départ, un de ces trois hommes, nommé Athos, est monté près de moi et m'a arraché le sauf conduit qu'il m'avait donné, que ces mousquetaires sont à craindre puisqu'ils savent notre secret et qu'il faut s'en débarrasser.

ROCHEFORT.

Ces trois hommes ne sont-ils pas les amis de notre gascon.

MILADY.

Les inséparables.

ROCHEFORT.

Alors ce sont ceux que j'ai rencontrés à dix lieues d'ici faisant halte dans une auberge.

MILADY.

Que viennent-ils faire de ce côté.

ROCHEFORT.

N'avez-vous pas dit que l'un d'eux est l'amant de la petite Bonacieux.

MILADY.

C'est d'Artagnan.

ROCHEFORT.

Eh bien! sans doute, ils viennent la chercher.

MILADY.

La chercher.

ROCHEFORT.

Oui, après le service que d'Artagnan a rendu à la Reine, la Reine n'aura rien eu à lui refuser.

MILADY.

Vous avez raison, Rochefort, ce n'est point à Paris qu'il faut que vous retourniez, c'est à Lille que vous allez m'attendre.

ROCHEFORT.

Vous attendre?

MILADY.

Croyez-vous que M. le Cardinal ne serait pas bien aise d'avoir la petite Bonacieux sous sa main.

ROCHEFORT.

Oui, mais les Carmélites de Béthune sont sous la protection de la Reine.

MILADY.

Et si je conduis la petite à Lille.

ROCHEFORT.

Oh! ceci c'est autre chose.

MILADY.

Alors ce n'est pas demain, ce n'est pas après demain qu'il faut que je parte, c'est aujourd'hui?

ROCHEFORT.

En effet, nos hommes peuvent arriver d'un moment à l'autre.

MILADY.

Vous avez une chaise de poste et un domestique?

ROCHEFORT.

Oui.

MILADY.

Mettez-les à ma disposition.

ROCHEFORT.

Et moi?

MILADY.

Vous, vous en irez à cheval, de manière à me précéder à l'hôtel de l'*Ours-Noir*.

ROCHEFORT.

C'est là qu'il faudra vous attendre?

MILADY.

Oui.

ROCHEFORT.

A Lille... à l'hôtel de l'*Ours-Noir*.

MILADY.

A Lille, à l'hôtel de l'*Ours-Noir*.

Il sort.

SCÈNE III.

MILADY *seule*, *puis* Mme BONACIEUX.

MILADY.

Est-ce pour elle, est-ce contre moi que ces quatre hommes sont en campagne?.. Je n'en sais rien, mais en tous cas, ils ne trouveront ni elle, ni moi. Voyons, passons chez elle, et tâchons de bien jouer notre rôle de femme persécutée... Ah! la voici.

Mme BONACIEUX.

Eh bien! ce que vous craigniez est donc arrivé, madame, ce soir peut-être, même avant, le Cardinal vous envoie prendre.

MILADY.

Qui vous a dit cela, ma chère et belle enfant?

Mme BONACIEUX.

Mais, je l'ai entendu de la bouche même du messager.

MILADY.

Je me suis présentée ici comme une victime du Cardinal.

ROCHEFORT.

Et la conformité de position.

MILADY.

Vous comprenez.

ROCHEFORT.

Si je comprends, je crois bien.

MILADY.

Au reste, votre visite va faire merveille.

ROCHEFORT.

En quoi!

MILADY.

En ce que vous allez dire, que vous avez découvert ma retraite et qu'on me viendra chercher demain ou après demain; j'ai des raisons pour ne pas rester à Béthune.

ROCHEFORT.

Diable! mais où vous retrouverai-je, si j'ai besoin de vous?

MILADY

Attendez... à Armentières.

ROCHEFORT.

Bien! vous n'avez pas autre chose à faire dire au Cardinal.

MILADY.

Dites-lui que notre conversation au Colombier-Rouge, a été entendue par trois mousquetaires du Roi, qu'après son départ, un de ces trois hommes, nommé Athos, est monté près de moi et m'a arraché le sauf conduit qu'il m'avait donné, que ces mousquetaires sont à craindre puisqu'ils savent notre secret et qu'il faut s'en débarrasser.

ROCHEFORT.

Ces trois hommes ne sont-ils pas les amis de notre gascon.

MILADY.

Les inséparables.

ROCHEFORT.

Alors ce sont ceux que j'ai rencontrés à dix lieues d'ici faisant halte dans une auberge.

MILADY.

Que viennent-ils faire de ce côté.

ROCHEFORT.

N'avez-vous pas dit que l'un d'eux est l'amant de la petite Bonacieux.

MILADY.

C'est d'Artagnan.

ROCHEFORT.

Eh bien! sans doute, ils viennent la chercher.

MILADY.

La chercher.

ROCHEFORT.

Oui, après le service que d'Artagnan a rendu à la Reine, la Reine n'aura rien eu à lui refuser.

MILADY.

Vous avez raison, Rochefort, ce n'est point à Paris qu'il faut que vous retourniez, c'est à Lille que vous allez m'attendre.

ROCHEFORT.

Vous attendre?

MILADY.

Croyez-vous que M. le Cardinal ne serait pas bien aise d'avoir la petite Bonacieux sous sa main.

ROCHEFORT.

Oui, mais les Carmélites de Béthune sont sous la protection de la Reine.

MILADY.

Et si je conduis la petite à Lille.

ROCHEFORT.

Oh! ceci c'est autre chose.

MILADY.

Alors ce n'est pas demain, ce n'est pas après demain qu'il faut que je parte, c'est aujourd'hui?

ROCHEFORT.

En effet, nos hommes peuvent arriver d'un moment à l'autre.

MILADY.

Vous avez une chaise de poste et un domestique?

ROCHEFORT.

Oui.

MILADY.

Mettez-les à ma disposition.

ROCHEFORT.

Et moi?

MILADY.

Vous, vous en irez à cheval, de manière à me précéder à l'hôtel de l'*Ours-Noir*.

ROCHEFORT.

C'est là qu'il faudra vous attendre?

MILADY.

Oui.

ROCHEFORT.

A Lille... à l'hôtel de l'*Ours-Noir*.

MILADY.

A Lille, à l'hôtel de l'*Ours-Noir*.

Il sort.

SCÈNE III.

MILADY *seule, puis* Mme BONACIEUX.

MILADY.

Est-ce pour elle, est-ce contre moi que ces quatre hommes sont en campagne?.. Je n'en sais rien, mais en tous cas, ils ne trouveront ni elle, ni moi. Voyons, passons chez elle, et tâchons de bien jouer notre rôle de femme persécutée... Ah! la voici.

Mme BONACIEUX.

Eh bien! ce que vous craigniez est donc arrivé, madame, ce soir peut-être, même avant, le Cardinal vous envoie prendre.

MILADY.

Qui vous a dit cela, ma chère et belle enfant?

Mme BONACIEUX.

Mais, je l'ai entendu de la bouche même du messager.

MILADY.

Venez-vous asseoir, ici, près de moi.

Mme BONACIEUX.

Me voici.

MILADY.

Attendez que je m'assure si personne ne nous écoute.

Mme BONACIEUX.

Pourquoi toutes ces précautions?

MILADY.

Vous allez le savoir. (*Revenant s'asseoir*). Alors, il a bien joué son rôle.

Mme BONACIEUX.

Qui cela?

MILADY.

Celui qui s'est présenté à la supérieure, au nom du Cardinal.

Mme BONACIEUX.

Comment, cet homme n'est donc pas?...

MILADY.

Cet homme est mon frère.

Mme BONACIEUX.

Votre frère?

MILADY.

Chut! il n'y a que vous qui sachiez ce secret, mon enfant, ne le confiez à personne au monde, o uje serais perdue et vous aussi peut-être.

Mme BONACIEUX.

Mon Dieu!

MILADY.

Ecoutez... voici ce qui se passe: Mon frère qui savait que j'étais en butte à la vengeance du Cardinal, venait ici pour me servir de défenseur, quand il a rencontré l'émissaire du Cardinal qui venait me chercher, il l'a suivi, a mis l'épée à la main en sommant le messager de lui remettre les papiers dont il était porteur, le messager a voulu se défendre, mon frère l'a tué.

Mme BONACIEUX.

Oh!

MILADY.

Alors, mon frère a pris les papiers, s'est présenté ici comme l'envoyé du Cardinal, et dans une heure, une voiture doit venir me prendre de la part de son Eminence.

Mme BONACIEUX.

Alors, nous allons nous quitter.

MILADY.

Attendez... il me reste une nouvelle à vous apprendre qui répondra à cette question.

Mme BONACIEUX.

Laquelle?

MILADY.

Mon frère a en outre découvert un complot contre vous.

Mme BONACIEUX.

Contre moi!

MILADY.

Oui, le Cardinal veut vous faire prendre.

Mme BONACIEUX.

Oh! dans ce couvent, placé sous la protection immédiate de la Reine, il n'oserait employer la violence.

MILADY.

Non, mais la ruse.

Mme BONACIEUX.

La ruse.

MILADY.

Quatre émissaires du Cardinal sont en route à votre intention.

Mme BONACIEUX.

Que me dites vous?

MILADY.

Déguisés en mousquetaires?

Mme BONACIEUX.

En Mousquetaires.

MILADY.

Pendant que vous étiez au service de la Reine, n'avez-vous pas connu un jeune garde, ou un jeune mousquetaire, M. d'Artagnan.

Mme BONACIEUX.

Oui sans doute, eh! bien?

MILADY.

Ils doivent vous faire demander à la porte du couvent, au nom de monsieur d'Artagnan, et quand vous aurez franchi le seuil du couvent... ils vous enlèveront.

Mme BONACIEUX.

Oh!... que me conseillez vous de faire?

MILADY.

Il y aurait un moyen bien simple.

Mme BONACIEUX.

Lequel?

MILADY.

Ce serait de vous cacher dans les environs et de s'assurer ainsi quels sont les hommes qui viennent vous chercher.

Mme BONACIEUX.

Mais je suis reçue ici sur un ordre de la Reine, on ne me laissera pas partir.

MILADY.

Oh! la belle difficulté.

Mme BONACIEUX.

Comment?

MILADY.

La voiture est à la porte, vous me dites adieu, vous montez sur le marchepied pour me serrer une dernière fois dans vos bras, le domestique de mon frère qui vient me prendre est prévenu, il fait un signe au postillon et nous partons au galop.

Mme BONACIEUX.

Oui, oui, vous avez raison, ainsi tout va bien tout est pour le mieux... mais ne nous éloignons pas d'ici.

MILADY.

Oui, je comprends.

Mme BONACIEUX.

Si c'était d'Artagnan et ses amis.... par hasard?..

MILADY.

Pauvre petite. (*approchant une table servie.*) Vous excusez.

Mme BONACIEUX.

Oh! je vous prie.

MILADY.

Vous comprenez, la voiture peut arriver d'un moment à l'autre.

Mme BONACIEUX.

Oh! comme je tremble!

MILADY, *trempant un biscuit dans un verre de vin d'Espagne.* Folle, oh! entendez-vous?

Mme BONACIEUX.

Quoi?

MILADY.

C'est la chaise de poste que mon frère m'envoie.

Mme BONACIEUX.

On sonne à la porte du couvent.

MILADY.

Montez dans votre chambre... avez-vous quelques bijoux que vous vouliez emporter.

Mme BONACIEUX.

J'ai deux lettres de lui!

MILADY.

Eh bien! allez les chercher et venez me rejoindre.

Mme BONACIEUX.

Mon cœur m'étouffe, je ne puis marcher.

MILADY.

Vous aimez ce monsieur d'Artagnan?

Mme BONACIEUX.

Oh! de toute mon âme.

MILADY.

Eh bien! songez qu'en fuyant vous vous conservez à lui.

Mme BONACIEUX.

Ah! vous me rendez mon courage. (*la porte s'ouvre, un doméstipue paraît.*) Qui va là!

MILADY.

Ne craignez rien, c'est le valet de chambre de mon frère... allez.

Mme BONACIEUX.

J'y vais.

SCÈNE IV.

MILADY, LE DOMESTIQUE.

LE DOMESTIQUE.

Les ordres de milady.

MILADY.

Aussitôt que cetie jeune femme qui vient de sortir sera près de moi dans la voiture, vous partirez au galop dans la direction de Lille.

LE DOMESTIQUE.

Est-ce tout?

MILADY.

Attendez... si pendant nos préparatifs de départ vous voyez apparaître trois où quatre cavaliers... fouettez les chevaux, faites tourner la voiture autour du couvent. et allez nous attendre à la porte du jardin. C'est tout... allez... (*Il sort.*)

SCÈNE V.

MILADY, *à la fenêtre; puis*, *Mme Bonacieux.*

MILADY.

Il m'avait semblé... non, rien.

Mme BONACIEUX.

Me voilà...

MILADY.

Eh bien, tout est prêt, chère enfant, la supérieure ne se doute de rien... cet homme va donner les derniers ordres, voulez-vous faire comme moi, manger un biscuit et boire un verre de vin.

Mme BONACIEUX.

Non, merci, je n'ai besoin de rien.

MILADY.

Alors, ne perdons pas un instant... partons!

Mme BONACIEUX, *irrésolue.*

Oui, partons!

MILAD.

Voyez, tout nous seconde, voilà la nuit qui vient.

Mme BONACIEUX.

Oh! quel est ce bruit?

MILADY.

En effet.

Mme BONACIEUX.

On dirait le galop de plusieurs chevaux.

MILADY.

Ce sont nos amis ou nos ennemis; restez où vous êtes, je vais vous le dire.

Mme BONACIEUX, *chancelant.*

Oh! mon Dieu! mon Dieu!

MILADY.

C'est l'uniforme des gardes de M. le Cardinal... pas un instant à perdre... fuyons... fuyons...

Mme BONACIEUX.

Oui, oui.

MILADY.

Venez donc; mais, venez donc!

On entend la voiture qui s'éloigne.

Mme BONACIEUX.

Il est trop tard.

On entend les cris: Arrêtez, arrêtez, puis deux ou trois coups de feu.

MILADY.

Non, nous pouvons fuir par la porte du jardin, venez, venez... (*Mme Bonacieux tombe sur ses genoux.*) Oh! elle va me perdre, venez, c'est elle qui m'y force. (*Elle va à la table, vide le chaton de sa bague dans le verre, le prend et revient à Mme Bonacieux.*) Buvez, cela vous donnera des forces, buvez. (*Elle boit machinalement.*) Ce n'est pas ainsi que j'aurais voulu me venger.

Elle s'élance de l'appartement.

Mme BONACIEUX, *se relevant.*

Attendez, me voilà...

D'ARTAGNAN, *dans la* ...

Ordre de la Reine...

Mme BONACIEUX *vivement*.

Sa voix, c'est sa voix (*courant à la porte*). D'Artagnan! d'Artagnan! par ici, est-ce vous, mon Dieu?

D'ARTAGNAN.

Constance! Constance! où êtes-vous?

Mme BONACIEUX.

Ah! d'Artagnan, je ne l'espérais pas, c'est donc vous!

D'ARTAGNAN.

Oui, oui, c'est moi!

Mme BONACIEUX.

Ah! que j'ai bien fait de ne pas fuir avec elle.

D'ARTAGNAN.

Avec elle?

ATHOS.

Qui elle?

Mme BONACIEUX.

Mais cette femme, celle qui, par intérêt pour moi, voulait m'emmener, celle qui vous prenait pour des gardes du Cardinal vient de s'enfuir.

D'ARTAGNAN.

Celle qui vient de s'enfuir! que dites-vous? mon Dieu! une femme vient de s'enfuir?

Mme BONACIEUX.

Oui, à l'instant.

D'ARTAGNAN.

Son nom? savez-vous son nom?

Mme BONACIEUX.

D'ARTAGNAN *saisissant la main d'Athos*.

Comment, tu crois?

ATHOS.

Elle savait la retraite de cette femme par le Cardinal, et elle est venue.

Mme BONACIEUX.

D'Artagnan! d'Artagnan ne me quittez pas, vous voyez bien que je vais mourir.

D'ARTAGNAN.

Au nom du ciel! courez, appelez, demandez du secours.

ATHOS.

Inutile. Au poison qu'elle verse il n'y a pas de contre-poison.

Mme BONACIEUX.

Au secours! (*se raidissant.*) Ah! (*se jetant au cou de d'Artagnan.*) Je t'aime! (*elle meurt*).

Porthos éclate en sanglots.

D'ARTAGNAN.

Morte! morte!

ARAMIS.

Vengeance!

ATHOS.

Mon Dieu! ayez pitié de nous!

D'ARTAGNAN, *tombant près d'elle*.

Morte! morte!

SCÈNE VI.

LES MÊMES, LORD DE WINTER.

WINTER.

...mpé, voici M. d'Arta-

...d'Artagnan.

...INTER.

...comme moi, à la pour-
...st-ce pas?
...os.

...INTER.

...û passer par ici, puis-

...OS.

...VINTER.

...nter, le beau-frère de

...os.

...ous reconnais mainte-
...nvenu, milord... soyez
...ment...

... WINTER.

...q heures après elle de
... arrivé trois heures après
... je l'ai manquée de cinq
...mer, enfin, à Lilliers, j'ai
...'allais au hasard, m'infor-
...onde, quand je vous ai vus
...ai voulu vous suivre, mais
...rop fatigué pour aller du
...ôtre, et cependant, mal-

Ordre
Mme B. D. (ar. ath. et Porthos au fond)

Mme BONACIEUX *vivement.*

Sa voix, c'est sa voix (*courant à la porte*). D'Artagnan! d'Artagnan! par ici, est-ce vous, mon Dieu?

D'ARTAGNAN.

Constance! Constance! où êtes-vous?

Mme BONACIEUX.

Ah! d'Artagnan, je ne l'espérais pas, c'est donc vous!

D'ARTAGNAN.

Oui, oui, c'est moi!

Mme BONACIEUX.

Ah! que j'ai bien fait de ne pas fuir avec elle.

D'ARTAGNAN.

Avec elle?

ATHOS.

Qui elle?

Mme BONACIEUX.

Mais cette femme, celle qui, par intérêt pour moi, voulait m'emmener, celle qui vous prenait pour des gardes du Cardinal vient de s'enfuir.

D'ARTAGNAN.

Celle qui vient de s'enfuir! que dites-vous? mon Dieu! une femme vient de s'enfuir?

Mme BONACIEUX.

Oui, à l'instant.

D'ARTAGNAN.

Son nom? savez-vous son nom?

Mme BONACIEUX.

Qu'ai-je donc? Ma tête se trouble, je n'y vois plus.

D'ARTAGNAN.

A moi, ses mains sont froides, elle se trouve mal, mon Dieu! elle perd connaissance.

ATHOS *examinant le verre dans lequel milady a vidé la bague.*

Oh! non! c'est impossible, Dieu ne permettrait pas un pareil crime.

Mme BONACIEUX.

De l'eau!

D'ARTAGNAN *appelant.*

De l'eau! de l'eau!

PORTHOS *et* ARAMIS.

De l'eau! un médecin!

ATHOS.

Ah! pauvre femme! pauvre femme!

D'ARTAGNAN.

La voilà qui revient à elle.

ATHOS.

Madame, au nom du ciel, qui a bu dans ce verre?

Mme BONACIEUX.

Moi.

ATHOS.

Mais qui a versé le vin qui y était?

Mme BONACIEUX.

Elle!

ATHOS.

La comtesse de Winter, n'est-ce pas?

TOUS.

Oh!

D'ARTAGNAN *saisissant la main d'Athos.*

Comment, tu crois?

ATHOS.

Elle savait la retraite de cette femme par le Cardinal, et elle est venue.

Mme BONACIEUX.

D'Artagnan! d'Artagnan ne me quittez pas, vous voyez bien que je vais mourir.

D'ARTAGNAN.

Au nom du ciel! courez, appelez, demandez du secours.

ATHOS.

Inutile. Au poison qu'elle verse il n'y a pas de contre-poison.

Mme BONACIEUX.

Au secours! (*se raidissant.*) Ah! (*se jetant au cou de d'Artagnan.*) Je t'aime! (*elle meurt*).

Porthos éclate en sanglots.

D'ARTAGNAN.

Morte! morte!

ARAMIS.

Vengeance!

ATHOS.

Mon Dieu! ayez pitié de nous!

D'ARTAGNAN, *tombant près d'elle.*

Morte! morte!

SCÈNE VI.

LES MÊMES, LORD DE WINTER.

LORD DE WINTER.

Je ne m'étais pas trompé, voici M. d'Artagnan et ses trois amis.

TOUS, *moins d'Artagnan.*

Quel est cet homme?

LORD WINTER.

Messieurs, vous êtes comme moi, à la poursuite d'une femme, n'est-ce pas?

ATHOS.

Oui.

LORD WINTER.

D'une femme qui a dû passer par ici, puisque voilà un cadavre.

ATHOS.

Qui êtes-vous?

LORD WINTER.

Je suis lord de Winter, le beau-frère de cette femme.

ATHOS.

Ah! c'est vrai, je vous reconnais maintenant; vous êtes le bienvenu, milord... soyez des nôtres!.. Mais comment...

LORD WINTER.

Je suis parti cinq heures après elle de Portsmouth, je suis arrivé trois heures après elle à Boulogne, je l'ai manquée de cinq minutes à Saint-Omer, enfin, à Lilliers, j'ai perdu sa trace; j'allais au hasard, m'informant à tout le monde, quand je vous ai vus passer au galop; j'ai voulu vous suivre, mais mon cheval était trop fatigué pour aller du même train que le vôtre, et cependant, mal-

× aramis descend 1 — Const. 2 le fauteuil tourné à la coulisse ... elle n'est vue que de profil — D'Art. 3. Porthos au 2e plan 4 — athos au devant de la table 5.

×× aramis remonte un peu — Porthos s'approche de la table verse de l'eau dans le verre de milady et le porte à D'Art. qui en fait boire à Constance — Athos avant Porthos avait pris le verre, celui de Constance que milady avait reposé au bord de la table, puis par un coup d'œil rapide il avait vu au fond du verre qu'un poison violent y avait été versé — C'est ce qui lui fait dire ah! pauvre femme —

××× s'approchant

4 — il reporte le verre sur la table — D'Art. le suit et dit à mi-voix — Comment tu crois.
aramis et Porthos causent dans le fond

5. il revient près d'elle, aramis aussi

aram. C. D'A. Porthos, Athos (réfléchissant)

6. Mme Bonacieux se raidissant se relève se jette au cou de D'Artagnan, puis elle retombe en disant je t'aime — aramis l'a soutenue sous les bras — D'Art s'est laissé tomber avec, il tombe à genoux — Porthos s'est retourné, le dos au public et portant la main à ses yeux. Athos froid, impassible, d'un air morne contemple ce tableau. Silence

7 à l'entrée de Winter Porthos gagne un peu la g.

gré la diligence que vous avez faite, vous êtes arrivés trop tard.

ATHOS, *à la supérieure.*

Madame, nous abandonnons à vos soins pieux le corps de cette malheureuse femme ; ce fut un ange sur la terre avant d'être un ange au ciel. Traitez-la comme une de vos sœurs, nous reviendrons un jour pleurer sur sa tombe.

D'ARTAGNAN, *la baisant au front.*

Constance !.. Constance !..

ATHOS.

Pleure ! pleure ! cœur plein d'amour, de jeunesse et de vie, pleure, je voudrais bien pleurer comme toi.

D'ARTAGNAN.

Maintenant, voyons, ne poursuivons-nous pas cette femme ?

ATHOS.

Oui, tout à l'heure, j'ai une dernière mesure à prendre.

D'ARTAGNAN.

Oh ! elle nous échappera, Athos, et ce sera ta faute.

ATHOS.

Je réponds d'elle !

LORD WINTER.

Mais il me semble, messieurs, que s'il y a quelque mesure à prendre contre la comtesse de Winter, cela me regarde.

ATHOS.

Pourquoi ?

LORD WINTER.

C'est ma belle-sœur.

ATHOS.

Et moi, messieurs ! c'est ma femme !

TOUS, *moins d'Artagnan.*

Sa femme !

D'ARTAGNAN.

Oh ! du moment où tu avoues que c'est ta femme, c'est que tu es sûr qu'elle mourra... merci !

ATHOS.

Tenez-vous prêts à me suivre... dans dix minutes je suis ici.

D'ARTAGNAN.

Et nous partons ?

ATHOS.

Oui, mais il nous manque un compagnon de route, et je vais le chercher.

SCÈNE VII.

LES PRÉCÉDENTS ; UN HOMME MASQUÉ, *apparaissant vers la porte.*

L'HOMME.

Un meurtre... elle était ici.

ATHOS.

Que voulez-vous ?

L'HOMME.

Je cherche une femme qui doit être arrivée d'hier et que j'ai cru reconnaître comme elle passait devant ma maison.

ATHOS.

Cette femme est partie.

L'HOMME, *faisant un mouvement pour s'éloigner.*

C'est bien.

Porthos et Aramis sont devant la porte.

ATHOS.

Que lui voulez-vous ?

L'HOMME.

Cela ne regarde que moi.

ATHOS.

Pardon, monsieur ; mais, comme cette femme vient de commettre un crime, il est bon que nous nous assurions de ceux qu'elle connaît et qui la connaissent ; la connaissez-vous ?

L'HOMME.

Oui.

ATHOS.

Alors vous me direz qui vous êtes.

L'HOMME.

Vous le voulez ?

ATHOS.

Absolument.

L'HOMME.

Soit, approchez-vous.

Il lui parle bas à l'oreille.

ATHOS.

Oh ! alors, soyez le bienvenu.

L'HOMME.

Comment cela ?

ATHOS.

Vous allez nous accompagner.

L'HOMME.

Impossible.

ATHOS.

Et pourquoi ?

L'HOMME.

Je ne puis quitter la ville qu'avec un congé ou un ordre.

ATHOS.

Eh bien ! voilà un ordre.

L'HOMME.

Signé Richelieu ?

ATHOS.

Oui.

L'HOMME.

Commandez, j'obéis.

ATHOS, *à d'Artagnan.*

Ami, sois homme... Les femmes pleurent les morts ! les hommes les vengent. Viens.

D'ARTAGNAN.

Et ce compagnon de route qui te manquait ?

ATHOS.

Je l'ai trouvé.

D'ARTAGNAN.

Alors rien ne s'oppose plus à ce que nous poursuivions cette femme ?

ATHOS.

Rien.

D'ARTAGNAN, *embrassant une dernière fois madame Bonacieux.*

Partons !

QUATORZIEME TABLEAU.

Une vallée près de la rivière de la Lys. — cabane à droite. — Il fait nuit.

SCÈNE PREMIÈRE.

LES MÊMES, MILADY.

MILADY *seule dans la cabane, regardant sa montre.*

Minuit bientôt; il y a une lieue d'ici à Armentières, il n'y a que trois quarts d'heure que le maître de cette cabane est parti; les chevaux, en supposant la plus grande diligence, ne peuvent être ici que dans vingt minutes. Patience, attendons.

PLANCHET, *qui est caché en face la porte, se levant.*

Psitt!

MOUSQUETON, *paraissant derrière la maison.*

Quoi?

PLANCHET.

J'ai entendu remuer.

MOUSQUETON.

Elle s'est levée, mais elle vient de se ras-

ATHOS, *se retournant.*

Venez.

MILADY.

Il m'a semblé entendre des pas.

ATHOS.

Les maîtres de cette maison... où sont-ils?

PLANCHET.

La maison était occupée par un bucheron; écrasée de fatigue, elle n'a pu aller plus loin, elle a envoyé le bucheron chercher des chevaux de poste à Armentières.

ATHOS.

Et où est cet homme?

PLANCHET.

Nous l'avons arrêté, Bazin le garde à cinq cents pas d'ici.

ATHOS.

Porthos, à cette porte, moi à la fenêtre (*aux autres*); vous, où nous sommes.

PORTHOS.

tressaillant.

entendu des pas de ce

fenêtre et aperçoit Athos.)

1, j'espère.

lle veut fuir par la porte.

nt son pistolet.

a enfoncé la fenêtre d'un entré dans la cabane.

'HOS.

let, Porthos, il importe ugée et non assassinée.

nt sur une chaise.

s?

HOS.

harlotte Backson, qui esse de La Fère, puis ne de Clarick.

ADY.

c'est moi!

HOS.

is entendre cet aveu de

ADY.

s?

HOS.

uger selon vos crimes, otre défense, justifiez-; chevalier d'Artagnan, mier.

sur le seuil de la porte.

t les hommes, j'accuse mpoisonné Constance a deux heures, entre

Éclairs Tonnerre

QUATORZIEME TABLEAU.

Nuit

Une vallée près de la rivière de la Lys. — cabane à droite. — Il fait nuit.

SCÈNE PREMIÈRE. +

LES MÊMES, MILADY. assise

MILADY *seule dans la cabane, regardant sa montre.*

Minuit bientôt; il y a une lieue d'ici à Armentières, il n'y a que trois quarts d'heure que le maître de cette cabane est parti; les chevaux, en supposant la plus grande diligence, ne peuvent être ici que dans vingt minutes. Patience, attendons.

PLANCHET, *qui est caché en face la porte, se levant.*

Psitt!

MOUSQUETON, *paraissant derrière* à l'angle *la maison.*

Quoi?

PLANCHET.

J'ai entendu remuer.

MOUSQUETON.

Elle s'est levée, mais elle vient de se rasseoir.

PLANCHET.

Elle ne paraît pas disposée à s'en aller?

MOUSQUETON.

Non, elle attend.

PLANCHET.

A nos places, alors.

Ils reprennent leurs places.

MILADY.

Il me semble entendre des voix dans les bruissements du vent, des menaces dans les roulements du tonnerre.

Grimaud se levant sur la hauteur au fond, et agitant son mouchoir.

SCÈNE II. ++

LES MÊMES; ATHOS, *paraissant suivi de* PORTHOS *et* D'ARAMIS, *de* WINTER *et de* L'HOMME MASQUÉ.

ATHOS.

Vous l'avez donc dépistée?

GRIMAUD.

Oui.

ATHOS.

Où est-elle?

GRIMAUD.

Là!

ATHOS.

Mais elle a pu sortir de cette maison; si elle allait avoir pris la fuite?

GRIMAUD.

Il n'y a qu'une porte et qu'une fenêtre: Planchet garde la porte et Mousqueton la fenêtre.

ATHOS, *se retournant.*

Venez.

MILADY.

Il m'a semblé entendre des pas.

ATHOS.

Les maîtres de cette maison... où sont-ils?

PLANCHET.

La maison était occupée par un bucheron; écrasée de fatigue, elle n'a pu aller plus loin, elle a envoyé le bucheron chercher des chevaux de poste à Armentières.

ATHOS.

Et où est cet homme?

PLANCHET.

Nous l'avons arrêté, Bazin le garde à cinq cents pas d'ici.

ATHOS.

Porthos, à cette porte, moi à la fenêtre (*aux autres*); vous, où nous sommes.

PORTHOS.

J'y suis.

MILADY, *tressaillant.* +++

Hein! cette fois j'ai entendu des pas de ce côté. (*Elle regarde à la fenêtre et aperçoit Athos.*) Oh! c'est une vision, j'espère.

Elle ouvre — Elle veut fuir par la porte.

PORTHOS, *levant son pistolet.*

Arrêtez!

Pendant ce temps, Athos a enfoncé la fenêtre d'un coup de poing et est entré dans la cabane.

ATHOS.

Abaissez votre pistolet, Porthos, il importe que cette femme soit jugée et non assassinée. Approchez, messieurs. 4

MILADY, *tombant sur une chaise.*

Que demandez-vous?

ATHOS.

Nous demandons Charlotte Backson, qui s'est appelée la comtesse de La Fère, puis lady de Winter, baronne de Clarick.

MILADY.

Vous savez bien que c'est moi!

ATHOS.

C'est bien, je désirais entendre cet aveu de votre bouche.

MILADY.

Que me voulez-vous?

ATHOS.

Nous voulons vous juger selon vos crimes, vous êtes libre dans votre défense, justifiez-vous, si vous le pouvez; chevalier d'Artagnan, à vous d'accuser le premier.

D'ARTAGNAN *paraissant* à la droite *sur le seuil de la porte.*

Devant Dieu et devant les hommes, j'accuse cette femme d'avoir empoisonné Constance Bonacieux, morte, il y a deux heures, entre

fond d'horizon

Rivière

Pont traversant le théâtre

terrain

arbre

fenêtre

Cabane

porte

Tonnerre et éclairs

+ Mousqueton monte la tête un instant à travers les vitres de la fenêtre du fond — Planchet est caché derrière l'arbre au fond à droite — Grimaud est sur le haut de la montagne

++ athos arrive sur le pont, puis en dit aux Venez il descend la montagne et arrive près de Planchet il lui parle — les autres descendent — l'évitement en scène, le bourreau le dernier il se tient toujours en arrière.

+++ Porthos monte une marche, croise les bras et s'adosse à la porte — athos tourne la maison et monte par la fenêtre — Planchet et B.

4 milady assise — Ath. Porthos — D. sur les marches — Winter — aramis — le bourreau

mes bras, au couvent des Carmélites de Béthune.

ATHOS.

Milord de Winter, à votre tour.

MILADY.

Milord de Winter!

MILORD DE WINTER *sur le seuil de la porte.*

Devant Dieu et devant les hommes, j'accuse cette femme d'avoir corrompu un officier de marine, nommé Felton, de lui avoir mis le poignard à la main, et de lui avoir fait tuer le duc, meurtre, que dans ce moment-ci, Felton paie de sa tête... assassin de Buckingham... assassin de Felton... assassin de mon frère, je demande justice contre vous, et déclare que si on ne me la fait pas, je me la ferai.

Lord de Winter va se ranger du côté de d'Artagnan.

ATHOS.

A mon tour: j'épousai cette femme lorsqu'elle avait 17 ans, je l'épousai malgré mon père, je lui donnai mon bien, je lui donnai mon nom. Un jour, je m'aperçus qu'elle était flétrie. Cette femme avait une fleur de lys sur l'épaule gauche.

L'HOMME MASQUÉ, *sur la porte.*

J'atteste.

MILADY.

Qui a dit j'atteste?

L'HOMME.

Moi!

MILADY.

Vous! je vous défie de retrouver le tribunal qui a rendu cette infâme sentence! je vous défie de retrouver l'homme qui l'a exécutée!

L'HOMME, *ôtant son masque.*

Le voilà!

~~MILADY, *tombant à genoux.*~~

Quel est cet homme? quel est cet homme?

L'HOMME.

Oh! vous me reconnaissez bien!

MILADY.

Ah!

TOUS.

Vous êtes...

L'HOMME.

Je suis le frère de l'homme qu'elle a aimé, qu'elle a perdu, qui s'est tué pour elle!.. je suis le frère de Georges!

ATHOS.

Chevalier d'Artagnan, quelle est la peine que vous réclamez contre cette femme?

D'ARTAGNAN.

La peine de mort!

ATHOS.

Milord de Winter, quelle est la peine que vous réclamez contre cette femme?

LORD WINTER.

La peine de mort!

MILADY.

Oh! messieurs! messieurs!

ATHOS.

Charlotte Backson, comtesse de La Fère, milady de Winter, baronne de Clarick, vos crimes ont lassé les hommes sur la terre et Dieu dans le ciel; si vous savez quelque prière, dites-la, car vous êtes condamnée et vous allez mourir... Exécuteur, cette femme est à vous!

L'Homme s'avance vers milady.

MILADY.

Vous êtes des lâches, vous êtes des assassins, vous vous mettez six pour assassiner une femme, prenez garde!

ATHOS.

Vous n'êtes pas une femme, vous n'appartenez pas à l'espèce humaine; vous êtes un démon échappé à l'enfer et nous allons vous y faire rentrer.

MILADY.

Assassins, assassins, assassins!

L'HOMME.

Le bourreau peut tuer, sans être pour cela un assassin, madame, c'est le dernier juge, voilà tout!

MILADY.

Oui, mais pour qu'il ne soit pas un assassin il lui faut un ordre.

L'HOMME.

Cet ordre, le voici... «C'est par mon ordre «et pour le bien de l'état, que le porteur du présent a fait ce qu'il a fait... Richelieu.»

MILADY.

Ah! je suis perdue!

ATHOS.

Bourreau, fais ton devoir.

MILADY, *entraînée par le bourreau.*

A moi! à moi!

D'ARTAGNAN.

Ah! je ne puis voir cet affreux spectacle, je ne puis consentir à ce que cette femme meure ainsi.

MILADY.

Oh d'Artagnan! d'Artagnan! sauvez-moi!

ATHOS, *entre d'Artagnan et milady.*

Si vous faites un pas de plus d'Artagnan, nous croisons le fer.

D'ARTAGNAN.

Oh!

ATHOS.

Tout ce que vous aurez le droit de demander, madame, c'est de mourir avec notre pardon. Je vous pardonne le mal que vous m'avez fait... je vous pardonne mon avenir brisé... mon honneur perdu... mon salut à jamais compromis par le désespoir où vous m'avez jeté, mourez en paix!

LORD WINTER.

Je vous pardonne l'empoisonnement de mon frère, l'assassinat de lord Buckingham, la mort de Felton... mourez en paix.

D'ARTAGNAN.

Et moi, pardonnez-moi, madame, d'avoir, par une action indigne d'un gentilhomme, provoqué votre colère, et, en échange, je vous pardonne le meurtre de ma pauvre amie. Je vous pardonne, et je pleure sur vous; mourez en paix.

MILADY.

Oh! dernier espoir! (*Au bourreau.*) Marchons! (*Aux mousquetaires.*) Prenez garde! si je ne suis secourue, je serai vengée!

Le bourreau l'entraîne.

ATHOS.

A genoux, messieurs, et prions, car une créature coupable, mais pardonnée, va mourir...

LE BOURREAU.

Venez...

D'ARTAGNAN.

Athos!... Athos!... Athos!...

On entend un cri coupé par le milieu. Le bourreau repasse au fond l'épée nue à la main.

LE BOURREAU.

Laissez passer la justice de Dieu!

D'ARTAGNAN, *se soulevant.*

Tout est fini, pardonnez-nous, Seigneur!

FIN.